旅游品牌建设与市场推广研究

张梦雨 著

中国商业出版社

图书在版编目(CIP)数据

旅游品牌建设与市场推广研究 / 张梦雨著. -- 北京 ：中国商业出版社，2024. 8. -- ISBN 978-7-5208-3104-8

Ⅰ. F592.3

中国国家版本馆 CIP 数据核字第 2024SG3333 号

责任编辑：管明林

中国商业出版社出版发行

（www.zgsycb.com　100053　北京广安门内报国寺 1 号）

总编室：010-63180647　编辑室：010-83114579

发行部：010-83120835/8286

新华书店经销

天津和萱印刷有限公司印刷

*

787 毫米×1092 毫米　16 开　8.75 印张　157 千字

2024 年 8 月第 1 版　2024 年 8 月第 1 次印刷

定价：45.00 元

* * * *

前　言

在全球化时代，旅游业已成为推动经济发展的重要力量，旅游品牌的建设与市场推广则成为提升旅游目的地竞争力、吸引游客的关键因素。随着消费者需求的日益多样化和市场竞争的加剧，如何打造具有吸引力和影响力的旅游品牌，并通过有效的市场推广策略将其传递给目标受众，已成为旅游业界亟待解决的问题。

本书以旅游品牌建设的战略规划为切入点，论述了旅游品牌传播与渠道选择、旅游品牌体验与产品创新、旅游市场细分与目标市场定位，并对旅游品牌建设与市场推广的创新路径进行了深入探讨。希望通过本书的介绍，能够为读者在旅游品牌建设与市场推广方面提供帮助。

在撰写本书的过程中，得到了许多专家、学者的帮助和指导，参考了大量的相关学术文献，在此表示真诚的感谢。本书内容系统全面，论述条理清晰、深入浅出，但是由于笔者水平有限，书中难免会有疏漏之处，希望广大读者批评指正。

张梦雨

2024 年 6 月

目　录

第一章　旅游品牌建设的战略规划

第一节　旅游品牌建设的目标设定

一、旅游品牌建设的目标设定的重要性

（一）目标设定在品牌建设中的导向作用

目标设定在旅游品牌建设中具有重要的导向作用，是确保旅游品牌建设方向正确性的关键。旅游品牌建设是一个复杂而系统的过程，涉及旅游资源开发、旅游产品设计、旅游服务提升、旅游营销推广等多个环节。如果没有明确的目标指引，旅游品牌建设就容易偏离正确的轨道，导致资源浪费和效果不佳。

目标设定需要立足旅游目的地的实际情况，充分考虑其资源禀赋、市场定位、发展阶段等因素。不同类型、不同层次的旅游目的地，其品牌建设目标应有所侧重。例如，对于资源丰富但知名度不高的旅游目的地，品牌建设的首要目标可能是提升知名度和美誉度，扩大品牌影响力；而对于已经具有较高知名度的成熟旅游目的地，品牌建设的重点可能是巩固品牌地位，提升顾客对品牌的忠诚度和回头客比例。

科学合理的目标设定有助于优化旅游品牌建设的资源配置。旅游品牌建设需要投入大量的人力、物力和财力，但任何旅游目的地的资源都是有限的。明确的目标能够引导旅游目的地管理者合理规划和利用有限资源，将资源集中投入到最能彰显品牌特色、最能提升品牌价值的领域，实现资源效用最大化。相反，如果目标设定不当，就可能出现资源分散、重点不突出的问题，影响品牌建设的成效。

目标设定还直接关系到旅游品牌的市场竞争力。当前，旅游市场竞争日趋激烈，旅游者对旅游产品和服务的要求不断提高。精准的市场定位和差异化的品牌个性已成为旅游品牌赢得竞争优势的关键。通过目标设定，旅游目的地可以明确自身的市场定位，凝练品牌个性，并据此优化品牌建设策略，从而在市场竞争中赢得主动。品牌建设目标的达成本身就意味着核心竞争力的形成，能

够吸引更多旅游者的青睐，提升客源市场的稳定性和忠诚度。

旅游品牌建设目标的导向作用还体现在对旅游目的地管理者和从业者的行为规范与激励上。明确的品牌建设目标如同一面旗帜，能够凝聚共识、调动积极性，激发管理者和从业者的责任感和使命感。他们将以目标为导向，自觉规范自身行为，提升服务品质，为目标达成贡献自己的力量。而目标的阶段性达成也是对他们付出的肯定和激励，有助于营造良性的品牌建设氛围。

（二）目标设定对资源配置的影响

目标设定在旅游品牌建设中起着至关重要的资源配置导向作用。明确而具体的目标能够有效整合和优化品牌建设所需的各类资源，实现资源的高效利用和价值最大化。

从人力资源角度来看，目标设定为旅游品牌建设提供了明确方向和行动指南。品牌建设是一项复杂的系统工程，涉及战略规划、市场营销、产品设计、服务管理等多个环节，需要不同领域、不同层级员工的通力合作。清晰的目标能够让所有参与者形成共识，了解自身工作与整体建设的关系，激发其责任感和使命感，最终凝聚起建设品牌的强大合力。例如，以“打造世界一流旅游目的地”为目标，就能引导从一线服务人员到高层决策者围绕顾客体验、产品创新、服务品质等方面，形成上下一心、协同发力的良好局面。

从财务资源角度来看，目标设定是优化资金配置、控制成本风险的重要依据。品牌建设往往需要大量资金投入，用于市场推广、产品研发、人才引进等，如何在有限预算内实现投入产出的平衡，是一大挑战。而量化的阶段性目标能够帮助企业合理规划和调配资金，集中资源发展核心业务，防止盲目扩张和铺摊子。同时，目标也是评估投资回报、控制财务风险的重要尺度。例如，以“3年内市场占有率提升10%”为目标，相关部门就能据此制订详细的资金使用计划，并适时监测投入产出效果，及时调整策略。

从信息资源角度来看，目标设定有利于整合内外部数据，提升品牌运营的精准度。大数据时代，海量信息的收集、分析和应用已经成为企业制胜的关键。然而，面对纷繁复杂的市场反馈和用户数据，如何甄别有价值的信息，用以指导品牌决策，是一大难题。而基于明确目标设计的信息架构，能够引导相关部门有的放矢地开展信息搜集和数据挖掘工作，提炼出关键指标和要素，用以优化品牌战略、产品体验和营销方案。例如，以“提升顾客忠诚度”为目标，市场部门就会重点关注诸如顾客满意度、重购率、推荐意愿等数据，深入分析其中的关联和趋势，找出提升忠诚度的有效抓手。

从品牌资源角度来看，目标设定是实现品牌资产增值、塑造品牌形象的内在要求。品牌是旅游企业的无形资产，其价值来自游客的认知和情感联结。因此，树立鲜明的品牌形象，积累深厚的品牌美誉度，是旅游品牌建设的重中之重。而恰当的目标设定能够为品牌资产的培育提供方向和路径，引导企业围绕目标市场定位，优化品牌个性，升级产品内涵，创新传播方式，不断强化品牌差异化优势，提升品牌溢价能力。例如，以“成为新生代游客首选”为目标，企业就会在品牌定位、产品设计、营销推广等方面，更加关注年轻群体的喜好和诉求，塑造出富有活力、个性鲜明的品牌形象。

（三）目标设定与市场竞争力的提升

科学设定旅游品牌建设的目标对于增强旅游品牌在激烈的市场竞争中的稳定性和持续性发展能力至关重要。明确的品牌建设目标能够为旅游企业的市场定位、资源配置、营销策略等提供清晰的方向和参照。通过设定具体、可衡量、可达成、相关、有时限的目标，旅游企业能够更加精准地把握市场需求，集中优势资源，制定符合自身条件的发展路径。这不仅有利于提高企业的资源利用效率，避免盲目投入和无效损耗，而且能够增强企业应对市场变化的灵活性和适应性，从而在动态的竞争环境中保持相对稳定的市场地位。

科学的旅游品牌建设目标对于塑造鲜明的品牌形象、培育忠诚的顾客群体具有重要意义。通过设定独特、差异化的目标，旅游企业能够突出自身优势和特色，在消费者心中建立起清晰、积极的品牌联想。这种品牌认同感不仅能够吸引更多潜在顾客的关注和青睐，更能够增强既有顾客的忠诚度和黏性，使其成为品牌的长期拥护者和推广者。当旅游品牌拥有稳固的顾客基础时，即使面临市场需求波动、竞争对手冲击等外部压力，也能够凭借顾客的信赖和支持维持品牌声誉和市场份额，从而在竞争中赢得主动。

旅游品牌建设的目标设定还应考虑与整体旅游发展战略的协调性和一致性。只有将品牌目标嵌入区域旅游业转型升级、提质增效的宏观布局之中，才能真正发挥品牌的引领和驱动作用。一方面，品牌目标应紧密契合旅游业高质量发展的总体要求，围绕优化产业结构、丰富旅游业态、提升服务品质等重点领域展开设计，推动旅游业综合实力和核心竞争力的提升。另一方面，品牌目标还应充分考虑区域资源禀赋、发展基础、市场特点等因素，因地制宜地提出切实可行的路径举措，增强品牌建设的针对性和实效性。

旅游品牌建设是一项系统工程，不可能一蹴而就，必须统筹兼顾短期目标和长期目标。在品牌塑造的初期，应更加注重短期目标的设定，通过一系列快速见效的营销举措迅速提高品牌知名度和美誉度，在消费者中建立起初步的品牌认知。而随着品牌影响力的不断积累和深化，则应逐步将重心转移到长期目标的达成上来，着眼于品牌内涵的充实、品牌文化的培育以及品牌资产的持续增值。这就要求旅游企业在制定品牌发展规划时，既要立足当前；抢抓机遇，又要放眼长远，夯实基础，统筹平衡好品牌建设的短期收益和长期利益，实现品牌价值的持续释放和倍增。

二、旅游品牌建设的目标设定的 SMART 原则

（一）具体性

具体性（Specific）是 SMART 原则中的第一个要素，它要求在设定旅游品牌建设目标时，要明确目标的具体内容，清晰描述期望达成的结果。这种具体化的表述有助于将抽象的目标转化为可感知、可衡量的具体指标，为后续目标的分解和落实提供了基础。

在旅游品牌建设的语境下，具体性意味着要对品牌建设的各个方面提出明确要求。例如，在品牌定位上，要具体描述品牌所要传递的核心价值、目标客群、差异化特征等；在品牌形象设计上，要明确视觉识别（VI）系统的视觉风格、色彩搭配、应用场景等；在品牌传播上，要细化传播渠道、传播频次、传播内容等。这种细化到操作层面的目标设定，能够为品牌建设的执行提供清晰的指引，确保建设活动沿着预定的轨道有序开展。

具体性还要求目标设定充分考虑旅游品牌建设的实际情况，如资源禀赋、市场环境、竞争态势等，确保目标的现实性和可达性。脱离实际的目标设定，不仅难以真正落地，还可能造成资源的浪费和团队的挫折感。因此，在设定目标时，要全面梳理旅游品牌的基础条件，审慎评估目标实现的可能性，在“跳一跳够得到”的高度设定具体目标。这样，既能够激发团队的斗志，也能够保证目标的可执行性，为品牌建设奠定坚实基础。

具体性还意味着目标设定要回避模糊、宽泛的表述，使用清晰、准确的语言对目标进行描述。例如，与其笼统地提出“提升品牌知名度”，不如量化为“通过 1 年的传播，使品牌认知度从 30%提升至 50%”；与其泛泛地要求

"优化游客体验"，不如细化为"在景区设置10个服务点，将游客满意度提升至95%"。这种具体、量化的目标表述，一方面有助于建设团队形成统一的理解和行动方向，另一方面也便于评估目标达成的程度，及时调整优化建设策略。

（二）可衡量性

可衡量性（Measurable）是设定旅游品牌建设目标的关键原则之一。它要求目标设定应包含可量化的指标，以便于评估目标实现的进度和成效。在旅游品牌建设中，可衡量性原则的应用体现在多个方面。

可衡量的目标有助于明确旅游品牌建设的方向和重点。通过设定具体的数量指标，如游客满意度、品牌知名度、市场占有率等，旅游企业可以更清晰地认识自身品牌建设的现状和差距，从而有针对性地制定改进措施。例如，某旅游景区将品牌建设目标设定为"未来3年内，游客满意度达到95%以上，品牌知名度提升20%"，这一目标明确量化了需要达成的标准，为景区品牌建设工作提供了明确的努力方向。

可衡量的目标便于跟踪和评估旅游品牌建设的绩效。通过持续监测关键指标的变化情况，旅游企业可以及时了解品牌建设的进展，发现存在的问题，并适时调整策略。例如，某旅游度假区每个季度对游客满意度进行问卷调查，根据满意度指标的变化来评估品牌建设的成效，并对服务质量、营销策略等方面进行优化改进。这种基于量化指标的绩效评估，有助于旅游企业科学管理品牌建设过程，提升品牌建设的精准性和有效性。

可衡量的目标有利于激励和约束旅游品牌建设的行为。将品牌建设目标分解为量化的绩效指标，可以为相关部门和人员设定明确的工作目标和考核标准。这种目标管理方式，一方面可以调动员工参与品牌建设的积极性，提升工作的主动性和创造性；另一方面也能加强对品牌建设行为的监管和约束，确保品牌建设工作沿着预定目标有序推进。

可衡量的目标对于优化旅游品牌建设资源配置具有重要意义。通过对目标完成情况的量化评估，旅游企业可以科学判断品牌建设策略的有效性，合理调配人力、物力、财力等资源，实现资源利用效率的最大化。例如，针对品牌知名度提升不及预期的情况，旅游企业可以加大营销推广的投入，优化营销渠道和方式，以实现品牌建设目标。

（三）可达性

可达性（Achievable）是SMART原则中的关键要素之一，它强调目标设定必须建立在现实基础之上，既不能脱离实际、好高骛远，也不能因循守旧、裹足不前。在旅游品牌建设的目标设定过程中，可达性原则发挥着至关重要的作用，它确保目标能够切实指导品牌建设实践，推动品牌建设工作扎实有序地开展。

从内部环境来看，旅游品牌建设目标的可达性取决于旅游企业自身的资源禀赋和能力水平。一方面，目标设定必须立足企业现有的人才、资金、技术等资源储备，充分考虑资源的约束作用和支撑力度。如果脱离资源基础盲目制定过高目标，不仅难以付诸实施，还可能因资源透支而陷入困境。另一方面，目标设定还应综合评估企业的品牌管理能力、市场开拓能力、产品创新能力等，确保目标在企业能力范围之内。对于品牌管理经验不足、市场开拓能力有限的企业而言，设定过于宏大的目标可能会带来难以承受的压力和风险。

从外部环境来看，旅游品牌建设目标的可达性还受制于市场需求状况和竞争态势等因素。首先，目标设定必须紧密契合旅游市场需求的变化趋势，准确把握消费者的偏好动向。一味追求高端化、差异化而忽视大众化市场需求，很可能导致品牌定位失误，难以获得消费者的广泛认可。其次，目标设定还应审慎评估行业竞争格局，理性看待自身的比较优势和差距。对于行业新进入者或竞争实力较弱的企业而言，切忌好高骛远，应设定符合自身比较优势的阶段性目标。相比之下，行业领先企业则可以制定更高远的目标，引领行业品牌建设的新趋势。

在时间维度上，旅游品牌建设目标的可达性还体现为短期目标与长期目标的平衡统一。一般而言，短期目标侧重于解决品牌建设过程中的现实问题，如提升品牌知名度、优化品牌形象等；而长期目标则着眼于旅游品牌的可持续发展，如深化品牌内涵、培育品牌文化等。两类目标相辅相成，缺一不可。短期目标为实现长期目标奠定基础，长期目标则为短期行动提供方向指引。因此，目标的制定必须在两者之间取得平衡，既要脚踏实地、稳扎稳打，又要放眼长远、持之以恒。

（四）相关性

在设定旅游品牌建设目标时，目标与企业愿景和市场需求的相关性（Relevant）是一个关键考量因素。企业愿景代表了企业的长期发展方向和战略追求，它体现了企业的核心价值观、经营理念和未来愿景。而市场需求则反映了消费者的实际需要和偏好，它决定了旅游产品和服务的市场竞争力和盈利能力。只有将品牌建设目标与企业愿景和市场需求紧密结合，才能确保品牌建设的战略性和针对性，从而为企业的可持续发展提供动力。

具体来说，目标与企业愿景相关性的重要性体现在以下几个方面。首先，企业愿景是品牌建设的指南针，它为品牌定位、品牌个性和品牌形象的塑造提供了方向和标准。品牌建设目标必须服从并服务于企业愿景的实现，这样才能确保品牌资产的持续积累和企业核心竞争力的不断提升。其次，品牌建设目标与企业愿景的相关性有助于增强组织凝聚力和向心力。当员工清晰地理解品牌建设与企业长远发展之间的关系时，他们就会更加主动、积极地投入到品牌建设工作中，为共同的愿景而努力奋斗。最后，保持目标与愿景的一致性还能提高品牌传播的效率和效果。一个与企业愿景相悖的品牌很难赢得消费者的认同和信赖，也难以在市场竞争中脱颖而出。

目标与市场需求的相关性则决定了品牌建设的成败。市场需求是一切营销活动的出发点和落脚点，深入了解和把握目标消费者的需求是制定品牌建设目标的前提。通过系统的市场调研和数据分析，品牌管理者可以准确识别消费者的痛点和期望，从而设计出满足甚至超越消费者需求的产品和服务。与市场需求高度相关的品牌目标，不仅能够快速赢得消费者的青睐，还能为企业带来丰厚的经济回报。相反，如果品牌建设脱离了市场需求，盲目追求高大上的品牌形象或过度依赖价格战等手段，则很难在市场竞争中立于不败之地。

旅游市场需求是多元化、多层次、多变化的。不同年龄、不同地域、不同收入水平的消费者对旅游产品和服务的期望存在较大差异。同时，随着社会经济的发展和消费理念的更新，旅游市场需求也在不断变化和升级。因此，在制定品牌建设目标时，既要立足当前市场需求，又要具有前瞻性和创新性，准确把握市场的发展趋势。唯有如此，才能建立起与时俱进、引领潮流的旅游品牌。

（五）时限性

目标设定的时限性（Time－bound）是旅游品牌建设战略规划中不可或缺的一环。任何目标如果没有明确的完成期限，都容易流于形式，失去动力和约束力。在旅游品牌建设中，时限性目标的设定尤为重要。这是因为旅游市场瞬息万变，消费者需求不断升级，竞争对手也在不断发力。如果品牌建设目标缺乏时间概念，就难以快速响应市场变化，抓住发展机遇。因此，为旅游品牌建设目标设定合理的完成时限，是保障其战略执行力和竞争力的关键举措。

具体而言，设定时限性目标需要考虑以下几个方面。首先，要结合旅游品牌的发展阶段和资源禀赋，制定切实可行的时间表。对于初创期的旅游品牌，可以设定相对宽松的时限，给予其充足的成长空间；而对于成熟期的旅游品牌，则应设定更加严格的时限，以督促其加快创新升级的步伐。其次，要综合考虑内外部环境因素，动态地调整时限目标。例如，在经济下行期，可以适当延长目标完成时限；而在旅游旺季来临之际，则需要提前完成相关目标。最后，要将时限目标与关键绩效指标相挂钩，强化团队的执行力。这就要求在设定时限的同时，明确量化每个阶段性目标，并将其分解到部门和个人，形成可考核、可问责的责任体系。

除了时间要素外，时限性目标的设定还应满足精准、可测、挑战3个特征。精准意味着避免“尽快完成”等笼统表述，应给出明确的最后期限。可测意味着用数据说话，以便量化进度、评估绩效。挑战则是要开展必要的资源和能力“压力测试”，设定有难度但不至于遥不可及的目标。只有将时间与质量、数量结合起来，才能真正发挥时限性目标的“指挥棒”作用。

从长远来看，时限性目标的设定是一项系统工程，需要上下协同、持续推进。领导层要高度重视目标的时间属性，将其纳入品牌建设的战略议程；职能部门要细化时限目标，明确各自的分工和职责；执行团队要严格对标对表，确保目标按期保质完成。同时，还要根据实施效果，及时调整时限目标，形成闭环管理。只有在时间维度中不断迭代优化，才能为品牌注入源源不断的发展动力。

三、旅游品牌建设目标与旅游发展战略的契合

（一）目标与战略协同性的重要性

旅游品牌建设是一项复杂而系统的工程，需要统筹规划、精心设计和有效执行。在这一过程中，旅游品牌建设目标与旅游发展战略的协同性发挥着至关重要的作用。唯有实现两者的有机结合、相互促进，才能真正提升旅游品牌建设的有效性，推动旅游业的可持续发展。

旅游发展战略是指导旅游业发展的总体方针和长远规划，它从宏观层面勾

勒出旅游业的未来蓝图，明确旅游业发展的方向、重点和路径。而旅游品牌建设目标则是旅游发展战略在品牌层面的具体体现，它从微观层面描绘出旅游品牌的发展愿景，确立品牌发展的阶段性任务和关键举措。两者虽然侧重点不同，但却紧密相连、相辅相成。

具体而言，旅游发展战略为旅游品牌建设目标的设定提供了根本遵循和重要参照。一个科学、合理的旅游品牌建设目标必须与旅游发展战略保持高度一致，服从和服务于旅游业发展的总体规划。只有这样，旅游品牌建设才能获得正确的战略指引，避免盲目发展和无序竞争。同时，旅游品牌建设目标的实现也能够有力地支撑和促进旅游发展战略的落地。一个鲜明、突出的旅游品牌形象能够增强旅游目的地的综合竞争力，吸引更多游客的到访，带动旅游产业的升级，进而推动旅游业的转型发展，最终实现旅游发展战略的既定目标。

从品牌定位的角度来看，旅游品牌建设目标必须紧扣旅游发展战略确立的市场定位和目标客群。一方面，旅游品牌的定位要与旅游目的地的资源禀赋、发展阶段相匹配，突出自身优势和特色，避免同质化竞争；另一方面，旅游品牌的定位还要契合目标客群的需求特点和消费偏好，提供个性化、差异化的旅游产品和服务，提升游客的满意度和忠诚度。而这一切，都必须建立在对旅游发展战略的准确把握和深入分析之上。

从资源配置的角度来看，旅游品牌建设目标的实现离不开旅游发展战略的有力保障和资源倾斜。品牌建设是一个持续、动态的过程，需要投入大量的人力、物力和财力。如果没有旅游发展战略的支持，旅游品牌建设就可能面临资源短缺、动力不足的困境。反之，如果旅游发展战略能够将品牌建设作为重点工作来抓，在政策、资金等方面给予倾斜，那么旅游品牌建设就能获得源源不断的发展动能，真正成为带动旅游业发展的强大引擎。

从创新发展的角度来看，旅游品牌建设目标应该与旅游发展战略保持同频共振，积极顺应旅游业发展的新趋势、新变化。在数字化、智能化、个性化的时代背景下，旅游者的消费观念、消费模式正在发生深刻变革。旅游品牌建设必须紧跟时代步伐，主动融入“互联网＋”、大数据等新技术、新业态，不断优化游客体验，提升品牌影响力。而这一切，都离不开旅游发展战略在顶层设计、资源整合等方面的超前谋划和强力推动。

（二）目标设定在战略转型中的作用

旅游品牌建设的目标设定对于引领旅游业结构的优化和升级具有重要的战

略意义。在新时代背景下，旅游业已经成为国民经济的战略性支柱产业，在推动经济高质量发展、满足人民美好生活需要等方面发挥着越来越重要的作用。然而，我国旅游业发展中仍存在品牌竞争力不强、产业结构不优等问题，亟须通过品牌建设来破题、赋能。科学设定旅游品牌建设目标，是优化旅游业结构、推动旅游业转型升级的关键举措。

旅游品牌建设的目标设定要立足旅游业发展的阶段性特征，紧密契合旅游业转型升级的总体要求。当前，我国旅游业正处于从传统的观光旅游向现代休闲度假旅游转变的关键时期。这就要求旅游品牌建设必须顺应这一趋势，围绕打造特色鲜明、品质卓越的旅游目的地和旅游产品，推动旅游要素的优化配置和产业链的提质升级。具体而言，旅游品牌建设目标应该体现出以下几个方面：一是突出文化内涵，挖掘和彰显旅游资源的独特文化价值，丰富旅游产品的文化底蕴；二是提升服务品质，强化旅游服务标准化、专业化建设，为游客提供优质便捷的旅游体验；三是引领产业升级，发展特色旅游产业，延伸旅游产业链条，实现旅游产业与相关产业的融合发展。

旅游品牌建设的目标设定还要充分考虑旅游市场需求的新变化新趋势，主动适应大众旅游消费升级的新特点新要求。随着我国经济社会的快速发展和人民生活水平的不断提高，旅游已经成为越来越多人的生活方式。游客的旅游消费需求日益呈现出个性化、多样化、品质化的特点。为此，旅游品牌建设必须紧跟市场发展动向，精准把握游客需求，针对不同细分市场开发特色鲜明、品质优良的旅游产品，不断优化旅游消费结构。比如，针对追求深度体验的游客，可以开发研学游、康养游等特色旅游产品；针对青睐个性化定制的游客，可以发展私家团、定制游等新业态；针对注重性价比的游客，可以推出“旅游＋交通＋住宿”等一站式旅游套餐产品。只有紧扣市场需求设定品牌建设目标，才能更好地引导和创造旅游消费，推动旅游业高质量发展。

旅游品牌建设的目标设定还应体现品牌引领产业发展的时代内涵，彰显旅游业在构建现代化经济体系中的独特作用。在全面建设社会主义现代化国家的新征程中，旅游业肩负着满足人民美好生活需要、推动文化繁荣发展、助力乡村振兴战略等多重使命。这就要求旅游品牌建设必须立足新发展阶段，贯彻新发展理念，构建新发展格局。一方面，要立足国内大循环，发挥品牌引领和创新驱动作用，推动旅游与文化、康养、体育、教育等产业深度融合，促进旅游消费提质扩容；另一方面，要立足国内国际双循环，加强国际旅游交流合作，提升中国旅游品牌的国际影响力和竞争力，推动旅游业高水平对外开放。唯有从全局和战略的高度设定旅游品牌建设目标，才能更好地发挥品牌的引领和撬动作用，为加快建设旅游强国、实现中华民族伟大复兴的中国梦作出更大贡献。

第二节　旅游品牌定位策略

一、旅游品牌定位的概念与意义

（一）旅游品牌定位的定义

旅游品牌定位是旅游目的地塑造独特形象，在目标消费者心中占据鲜明位置的战略过程。它通过挖掘旅游地的核心价值，将其转化为易于传播和被接受的品牌概念，进而在消费者心智中建立起清晰、独特、积极的品牌联想。品牌定位是旅游地实现差异化发展、提升竞争力的关键所在。

一个成功的旅游品牌定位需要深入洞察目标消费者的需求特点和决策心理。不同的消费群体在旅游动机、偏好、消费行为等方面存在显著差异。年轻人可能更追求刺激和新奇，中老年人则更看重舒适和体验。有的游客偏爱自然风光，有的游客则对文化古迹情有独钟。只有准确把握消费者的个性化需求，才能确定最有吸引力和说服力的定位点。此外，消费者的决策过程也极为复杂，涉及信息搜寻、方案评估、产品选择等诸多环节。品牌定位需要在消费者决策的每个节点产生积极影响，塑造鲜明的品牌记忆点，引导消费者作出有利于品牌的选择。可见，以消费者洞察为起点是旅游品牌定位的基本前提。

在明确目标消费者的基础上，旅游品牌定位还应立足自身禀赋，彰显差异化优势。任何一个旅游目的地都拥有独特的自然人文资源组合，呈现出与众不同的特色风貌。品牌定位需要从这些特色元素中提炼精华，并将其与消费者的核心诉求相匹配，形成独一无二的品牌识别点。比如，九寨沟的定位离不开“童话世界”，婺源的成功得益于“中国最美乡村”的美誉。这些极具识别性的定位表述，既生动传神地概括了旅游地的特色内涵，又直击消费者的情感痛点，在同质化竞争中脱颖而出。由此可见，品牌定位要在“他性”和“自性”之间找到最佳平衡点，做到既符合消费者期望，又彰显自身优势，从而在市场中确立差异化竞争地位。

品牌定位虽然是一个战略性构想，但最终要落实到形象设计、产品塑造、营销传播等方面。它需要统领旅游地的整体品牌建设，并以一以贯之的理念指导各项具体工作。比如，品牌视觉识别系统要契合定位理念，将品牌个性通过色彩、图形、字体等设计元素生动呈现；旅游产品的开发要紧扣定位主题，重点突出品牌的核心价值；营销传播更要聚焦定位点，通过多种创意手段增强定位印象，提升品牌影响力。总之，品牌定位只有转化为“可感、可触、可体验”的实际成果，方能在消费者心目中铸就清晰、稳固、积极的品牌形象。

（二）品牌定位在旅游市场中的意义

旅游品牌定位在市场竞争中的战略地位日益凸显。一个成功的旅游品牌，必须在纷繁复杂的市场环境中准确把握自身定位，并围绕这一定位制定科学的发展策略。只有这样，才能在激烈的市场竞争中赢得主动，确立品牌优势，实现可持续发展。

旅游品牌定位的核心在于明确品牌在消费者心智中的独特印象。这种印象应该与竞争对手有所区别，并能够引起消费者的情感共鸣。因此，旅游品牌定位必须深入洞察目标消费者的需求特点、消费习惯和价值追求，在此基础上提炼品牌的核心价值主张，塑造鲜明的品牌个性。只有占据消费者心智，旅游品牌才能真正确立自己在市场中的竞争地位。

旅游品牌定位还直接影响着企业的市场营销策略。一个清晰、准确的品牌定位，能够为营销决策提供方向性指引，帮助企业聚焦目标市场，优化资源配置。无论是在产品设计、渠道建设，还是在促销传播、价格管理等方面，旅游企业都应该紧紧围绕既定的品牌定位来展开，确保营销活动与品牌形象的高度一致。只有品牌定位与市场营销策略完美契合，才能最大限度地发挥品牌效应，实现市场价值的最大化。

明确的旅游品牌定位有助于企业应对市场变化，把握发展方向。在当今瞬息万变的市场环境下，消费者需求不断升级，行业竞争日益加剧，外部环境充满不确定性。面对这些挑战，旅游企业必须以品牌定位为基石，保持战略定力，根据市场变化动态调整发展路径。一个稳固的品牌定位，能够成为企业乘风破浪的压舱石，引领企业在逆境中寻找新的增长点，开拓新的发展空间。

随着市场形势的变化和消费者需求的演进，旅游企业必须与时俱进，不断审视和优化自己的品牌定位。这就要求企业建立完善的市场监测和反馈机制，密切关注消费者动向，深入分析竞争对手策略，及时捕捉市场新动向、新趋势。只有在动态市场中不断调适品牌定位，旅游品牌才能始终保持旺盛的生命力。

二、旅游品牌定位的方法

（一）市场细分法

旅游市场是一个复杂多元的系统，包含了不同年龄段、不同职业、不同消费能力和不同旅游偏好的消费者群体。面对如此庞大而多样化的市场，任何旅游品牌都不可能满足所有消费者的需求。因此，通过市场细分，识别出最具吸引力和发展潜力的目标市场，并集中资源重点培育和开发，已经成为旅游品牌成功定位的关键。

从人口统计学角度看，可以根据年龄、性别、收入、职业等变量将旅游市场划分为不同的细分市场。不同年龄段的游客在旅游动机、旅游方式和消费偏好上存在显著差异。以青年游客为例，他们往往追求新奇刺激的旅游体验，喜欢自助游、主题游等个性化的旅游产品。而中老年游客则更看重旅游的舒适性和安全性，倾向于跟团游、度假游等传统的旅游方式。旅游品牌在定位时，需要根据自身资源禀赋和发展目标，选择最契合的年龄群体进行重点营销。

从心理特征角度看，可以根据游客的旅游动机、生活方式、个性特征等因素进行市场细分。有的游客追求自然风光，有的游客偏爱人文历史，有的游客则热衷于休闲度假。不同的旅游动机决定了游客对旅游目的地和旅游产品的不同期待。因此，旅游品牌需要深入分析目标市场的心理特征，设计出满足其独特需求的旅游产品组合，提供个性化、差异化的旅游体验。只有精准匹配游客的内在需求，才能真正赢得其青睐和忠诚。

从消费行为角度看，可以根据游客的信息搜索习惯、出游频率、停留时间、消费水平等行为特征进行市场细分。在信息获取渠道上，当代游客越来越依赖网络平台，通过在线旅游网站、社交媒体、自媒体等途径搜集旅游信息和进行出游决策。因此，旅游品牌需要积极拓展线上营销渠道，利用大数据技术精准触达目标受众，提升品牌曝光率和转化率。同时，还要根据细分市场的消费特点，在旅游产品设计、定价策略、促销方式等方面进行针对性优化，以更好地匹配其消费习惯和支付能力。

市场细分的维度是多元的，不同的细分标准可以交叉组合，形成更加精细化的市场划分。旅游品牌需要综合考虑各种细分变量，甄别出最具战略价值的目标市场，并据此制定差异化的品牌定位策略。比如，针对追求文化体验的中青年高收入游客，可以打造以“文化＋旅游”为核心卖点的精品旅游路线；针对热衷休闲度假的银发族游客，可以开发以“健康＋养生”为主题的特色度假产品。这样的交叉细分有助于旅游品牌更精准地锁定目标消费群体，从而在激烈的市场竞争中脱颖而出。

从长远来看，市场细分是旅游品牌实现差异化竞争、培育市场竞争力的重要基石。通过市场细分，旅游品牌可以更加聚焦，将有限的资源投入到最有价值的市场领域，这不仅有利于提升营销投资回报率，更有助于构建起清晰、鲜明的品牌形象。一个成功的旅游品牌，必然是深谙市场细分之道的，能够从纷繁复杂的旅游市场中敏锐地洞察和把握机会，并快速作出反应，为细分市场量身打造独特而诱人的价值主张。从这个意义上说，市场细分既是旅游品牌打造差异化竞争优势的利器，也是其实现可持续发展的必由之路。

（二）竞争对手分析法

竞争对手分析是找准旅游品牌差异化定位的关键路径。通过系统梳理竞争对手的优劣势，旅游企业能够准确把握市场竞争态势，找准自身独特的市场定位。这既有利于避免同质化竞争，又能提高品牌识别度，吸引目标消费者的关注。

具体而言，竞争对手分析应从多个维度展开。首先，要深入研究竞争对手的品牌形象和市场定位。这包括分析其品牌理念、视觉识别系统、广告语等，判断其在消费者心智中的印象和认知。其次，要考察竞争对手的产品体系和服务特色。这涉及景区景点的开发、旅游线路的设计、服务质量的把控等诸多方面。通过比较分析，旅游企业能够发现竞争对手在产品和服务上的独特之处，进而寻找差异化的突破口。再次，要评估竞争对手的营销策略和传播渠道。这包括其价格策略、促销手段、广告投放、公关活动等。透过这些表象，旅游企业能够洞察竞争对手的营销思路和目标市场，从而调整自身的营销方案。最后，还要关注竞争对手的发展动态和趋势。这需要持续跟踪其新产品、新服务的推出，分析其背后的战略考量和发展方向。唯有如此，旅游企业才能在动态变化的市场环境中保持敏锐的洞察力，及时调整品牌定位策略。

竞争对手分析的最终目的在于明确自身的差异化定位。基于对竞争对手的深入了解，旅游企业需要审慎思考如何在市场中脱颖而出，塑造独特的品牌形象。这种差异化定位可以体现在多个层面。从产品层面看，旅游企业可以开发特色鲜明的旅游产品，如主题公园、特色小镇等，以区别于竞争对手的同质化景点。从服务层面看，旅游企业可以提供个性化、定制化的服务，满足细分市场的独特需求。从营销层面看，旅游企业可以制订创新的营销方案，利用新媒体平台精准触达目标消费者。

三、旅游品牌定位的有效策略

（一）创造性定位

创造性定位是旅游品牌突破同质化竞争、引领市场趋势的有效策略。在旅游市场日趋饱和、竞争日益激烈的当下，单纯依靠产品质量和服务水平已难以赢得消费者青睐。品牌要想脱颖而出，必须通过独特的创意元素，为消费者提供与众不同的价值主张和体验感受。只有这样，才能在消费者心智中占据独特位置，形成持久的竞争优势。

创造性定位的关键在于挖掘和凸显品牌的独特性。这种独特性可以源自品牌的文化内涵、自然资源、历史底蕴等方面。例如，张家界凭借“奇峰缥缈、云海绵延”的自然景观，将自己定位为“诗情画意、心旷神怡”的世外桃源，吸引了大批向往自然、追求艺术的游客。又如，大理依托深厚的民族文化积淀，将“洱海月”打造成独具特色的文化符号，使其成为体验白族风情、感受民族风韵的胜地。这些旅游品牌通过创造性定位，形成了鲜明的个性化形象，赢得了消费者的广泛认可。

创造性定位还要注重与消费者情感需求的契合。现代旅游消费已不再局限于简单的观光游览，更加注重情感体验和精神享受。品牌要善于洞察消费者的情感诉求，并通过创意表达予以满足。比如，携程推出的“说走就走”系列产品，迎合了年轻人随性、自由的生活态度，鼓励他们勇敢追求心中的远方。而地中海俱乐部（Club Med）则以“身心合一，回归自然”为诉求，为追求健康生活的中高端客群提供与大自然零距离接触的机会。这些品牌通过创造性定位，与消费者建立了情感共鸣，增强了品牌认同感和忠诚度。

创造性定位的落地还需要借助创新的传播方式。在信息爆炸的时代，消费者的注意力资源越来越稀缺。品牌要想脱颖而出，必须运用新颖的传播策略和技术手段，提高信息到达率和转化率。例如，故宫博物院推出“上新了故宫”系列文创产品，通过短视频平台实现病毒式传播，引发了全民“打卡故宫”的热潮。西安则借助虚拟现实（VR）和增强现实（AR）等数字化技术，让游客“穿越”千年，身临其境地感受大唐盛世的历史风貌。这些创新传播方式不仅扩大了品牌影响力，更为旅游体验注入了新的活力，提升了游客满意度。

（二）情感定位策略

旅游品牌情感定位策略是指通过挖掘和培育旅游品牌的情感价值，在消费者心中建立起独特而积极的情感联结，从而增强品牌影响力和忠诚度的一种战略方法。在当今注重情感体验和精神追求的消费时代，单纯依靠功能诉求已难以打动游客的心，情感定位日益成为旅游品牌塑造的关键。

情感定位的核心在于洞察游客的情感需求，用贴近其内心的方式讲述品牌故事，唤起共鸣。这就要求旅游品牌敏锐捕捉目标市场的情感特点和诉求，如渴望浪漫、追求刺激、向往自由等，并以此为基础，塑造与之契合的品牌个性和形象。同时，品牌还要通过各种营销传播手段，如广告、公关、活动等，将这种个性形象深入人心，使其与特定情感联系在一起。

就旅游目的地而言，地域文化往往是其进行情感定位的重要资源。每一个目的地都凝结着独特的历史记忆、人文风情和生活方式，蕴含着丰富的情感元素。旅游品牌要善于从这些元素中提炼出最能打动人心的情感主题，并贯穿于目的地形象塑造和推广的全过程。比如，丽江以“柔情蜜意”为主题，营造出浪漫情怀；西藏以“净化心灵”为诉求，传递出神圣、超然之感。这些鲜明的情感印记，使游客在踏上目的地的那一刻起，就能感受到特殊的情感体验。

除了挖掘内在的情感资源，旅游品牌还应积极创造契机，为游客营造难忘的情感时刻。节庆活动、主题游览、互动体验等，都是引发情感共鸣的有效载体。品牌要以创新的思维，为游客提供独特而有意义的参与机会，让其在身心投入中感受到品牌的情感温度。比如，北京端午节举办的龙舟赛事，让游客在激情澎湃中领略传统文化魅力；上海迪士尼乐园的各种互动项目，让游客在欢乐互动中感受纯真与梦想。这些生动鲜活的情感时刻，能够强化游客与品牌的情感纽带。

在万物皆可打卡的体验经济时代，情感价值已然成为旅游消费的核心诉求。以情感为纽带，旅游品牌方能走进游客心里，引发共情，激发向往，最终实现品牌价值的提升。情感定位策略为旅游品牌建设开辟了一条全新赛道，其重要性必将随着时代发展而日益凸显。只有准确把握消费者情感脉搏，不断强化情感沟通，旅游品牌才能在角逐中赢得先机，实现可持续发展。

四、消费者需求与品牌定位的对接

（一）需求分析

深入了解旅游消费者的实际需求和潜在期望，是旅游品牌定位的前提和基础。随着社会经济的发展和生活水平的提高，人们对旅游的需求日益多样化和个性化。他们不再满足于简单的观光游览，而是追求更加丰富、更具体验感的旅游产品和服务。因此，旅游品牌要想准确定位，吸引和留住目标消费者，就必须深入分析市场需求，洞察消费者的内心诉求。

从表层需求来看，当代旅游消费者普遍追求舒适、便捷、高品质的旅游体验。他们希望在有限的时间内，以合理的价格享受到优质的住宿、餐饮、交通等基础服务，同时也期待旅游目的地能够提供丰富多彩的游览项目和休闲活动。但在这些表象背后，隐藏着消费者更为深层次的情感和精神诉求。人们选择旅游，往往是为了放松身心、缓解压力，体验不同的生活方式，拓宽视野，增长见识。他们渴望在旅途中收获美好难忘的回忆，感受到人与自然、人与文化的和谐共生。因此，旅游品牌在定位时，不仅要关注消费者的物质需求，更要挖掘其情感需求和精神需求，设计出契合其心理预期的旅游产品。

从消费者的个性化需求来看，不同人群对旅游的偏好和期望存在明显差异。年轻人可能更加追求刺激、新奇的体验，喜欢探险、挑战极限；中老年人则可能更加注重旅游的舒适性、安全性，偏爱休闲度假、健康养生的旅游方式；家庭出游者通常会选择儿童友好型的旅游地，既要满足孩子的好奇心和活动需求，又要兼顾父母的休息放松。因此，旅游品牌在进行 STP（细分 Segmentation、目标 Targeting、定位 Positioning）时，必须充分考虑细分市场的差异性需求，有针对性地进行产品和服务设计，方能实现与目标客户的精准匹配。

深入了解旅游消费者的需求，还要注意把握需求的动态性和发展趋势。随着时代的发展和科技的进步，人们的价值观念、生活方式都在发生变化，旅游消费需求也随之不断升级。比如，随着全域旅游理念的普及，旅游 6. 0 时代的到来，游客开始追求更加个性化、智能化、体验式的旅游服务；人们更加注重旅游的健康安全，对旅游地的卫生防疫措施和应急预案提出了更高要求。旅游品牌要紧跟时代步伐，主动把握市场动向，及时调整定位策略，方能保持长久的竞争力。

从实际操作层面来看，深入了解旅游消费者需求，需要运用多种市场调研方法。定量研究如问卷调查，可以帮助品牌从宏观层面把握目标消费群体的基本特征、行为习惯等；定性研究如焦点小组访谈、深度访谈等，则能更好地探究消费者的内在动机、情感体验等，带来独特的洞见。大数据分析技术的运用，也为旅游品牌精准画像、洞察用户需求提供了新的途径。此外，通过与消费者展开持续、有效的互动，倾听他们的意见反馈，收集用户生成内容（UGC），也是深度挖掘需求的重要方式。只有真正走近消费者、倾听消费者的声音，旅游品牌才能把握市场脉搏，创造出满足甚至超越消费者期望的产品和服务。

（二）定位对接策略的制定与实施

要将旅游目的地品牌的定位与消费者需求有效对接，制定切实可行的策略至关重要。这一过程需要深入了解旅游消费者的实际需求和潜在期望，并在此基础上精准定位品牌形象，确保品牌定位能够满足甚至超越消费者的需求。

旅游品牌定位必须建立在对消费者需求的科学分析之上。这就要求旅游目的地管理者深入开展市场调研，运用问卷调查、焦点小组访谈等多种方法，全面收集消费者对旅游体验的期望和偏好数据。在此基础上，应运用大数据分析技术，挖掘不同细分市场消费者的独特需求，并据此勾勒出各细分市场的需求画像。只有精准把握消费者需求的异质性特征，才能为制定差异化的品牌定位策略提供坚实基础。

品牌定位应当与消费者需求相契合。这就要求在明晰消费者需求的基础上，从目的地的资源禀赋、产品体系、服务特色等方面提炼品牌定位元素，塑造满足甚至引领消费需求的独特品牌形象。例如，针对追求自然风光与户外运动的细分市场，可将品牌定位为“山水探险型”目的地，重点打造登山、漂流、野营等产品线，突出大自然的壮美景观和刺激体验。而对于偏好文化休闲的细分市场，则可将品牌定位为“人文慢游型”目的地，强调历史遗迹、民俗风情等人文元素，营造从容雅致的旅游氛围。总之，品牌定位要对症下药，做到因地制宜、量身打造，方能激发消费者的认同感和归属感。

品牌定位需要通过整合营销传播，形成与消费者需求的持续互动。单纯制定品牌定位策略还不够，关键要让定位理念深入人心，成为消费者心目中鲜活立体的品牌形象。这就需要运用广告、公关、社交媒体等多种传播渠道和方式，持续向目标消费者传递品牌定位信息，引导其形成品牌联想和偏好。同时，还要注重倾听消费者的反馈意见，及时调整完善既有品牌定位，保持与消费需求的同频共振。唯有在互动中不断强化品牌定位的针对性和有效性，才能真正赢得消费者的青睐。

品牌定位的落地实施也要紧扣消费需求导向。再好的品牌定位，如果没有体现在旅游产品和服务中，也难以取信于消费者。因此，目的地在完善旅游供给体系时，必须围绕品牌定位主题，优化产品结构、提升服务品质，切实满足消费者的体验期待。比如，以“康养度假”为品牌定位的目的地，就要重点发展养生酒店、森林康养、温泉 SPA 等特色业态，营造静谧舒适的康养氛围，为消费者提供身心放松、健康理疗的优质服务。只有让消费者在实际体验中感受到品牌定位的魅力所在，品牌才能真正树立起满足需求、值得信赖的形象。

第三节 旅游品牌形象塑造

一、旅游品牌形象的概念与构成

（一）定义

旅游品牌形象是旅游目的地个性特征与游客心理期望的综合反映。它是旅游者对目的地整体印象的集中体现，涵盖了目的地的自然风光、人文景观、旅游设施、服务质量等多方面内容。一个鲜明独特、正面向上的旅游品牌形象，能够深入人心，在游客心中占据特殊位置，从而吸引更多游客前往，推动旅游经济发展。

构建旅游品牌形象是一个系统工程，需要从品牌定位、视觉设计、文化内涵挖掘等多个维度入手。首先，旅游目的地要基于自身资源禀赋和发展目标，明确品牌定位，确立独特的品牌个性。这种个性应该与目标市场的需求相契合，能够引起游客的情感共鸣。其次，需要通过标志、色彩、图案等视觉元素塑造品牌形象，提高品牌辨识度。优秀的视觉形象不仅能够吸引眼球，更能传递品牌理念，引发联想。最后，要深入挖掘旅游目的地的文化内涵，讲好品牌故事，赋予品牌丰富的情感内核。动人的品牌故事能够打动游客的心，建立情感纽带，提升品牌忠诚度。

（二）核心元素

旅游品牌形象的塑造是一个系统而复杂的过程，需要从视觉识别、文化寓意和价值传递等多个维度入手，方能达到令人印象深刻、过目不忘的效果。视觉识别是旅游品牌形象的外在表征，包括品牌标志、字体、色彩等视觉元素的设计与应用。一个优秀的旅游品牌视觉识别系统应该具备独特性、一致性、美观性、延展性等特点，能够在纷繁复杂的旅游市场中脱颖而出，给游客留下鲜明而持久的印象。同时，视觉识别还应与旅游目的地的自然风貌、人文底蕴相得益彰，传达出独特的地域特色和文化内涵。

然而，仅有出色的视觉设计还远远不够，旅游品牌更需要深厚的文化寓意作为内在支撑。每一个旅游目的地都有其独特的历史渊源、民俗风情、艺术瑰宝，这些都是塑造品牌文化内涵的宝贵资源。旅游品牌应该立足本土文化，发掘其中的精髓要义，并将其巧妙地融入品牌叙事和传播之中。通过生动鲜活的故事讲述、丰富多彩的文化活动，旅游品牌能够唤起游客的情感共鸣，拉近与目标受众之间的心理距离，使其产生认同感和归属感。

旅游品牌形象塑造的最终目的是实现价值传递，为游客带来独特而难忘的旅游体验。这就要求旅游品牌在形象设计中充分考虑游客的需求和期望，提炼出能够引起其兴趣和共鸣的核心价值主张。这些价值主张可以是惬意的度假体验、刺激的冒险之旅、深入的文化探索等，只要能够准确把握目标受众的心理诉求，就能够形成强大的吸引力和号召力。在价值传递的过程中，旅游品牌还应注重与游客的互动和沟通，通过社交媒体、顾客反馈等渠道倾听他们的声音，不断优化和完善自身的形象定位。

二、旅游品牌形象塑造的原则

（一）独特性

品牌形象的塑造需要遵循独特性原则，确保品牌在市场中拥有鲜明的个性和识别度。在当今竞争日益激烈的旅游市场，一个旅游地能否脱颖而出，很大程度上取决于其独特的品牌形象。毫无特色、千篇一律的品牌注定会湮没在茫茫旅游目的地之中，难以在游客心中留下深刻印象。

独特性首先体现在品牌定位的差异化上。每一个成功的旅游品牌都应该拥有清晰、准确的市场定位，明确自身的目标客群、核心卖点和竞争优势。无论是地理位置、自然资源，还是人文历史、民俗风情，都可以成为塑造独特品牌形象的切入点。关键是要找准自身的独特性，将之提炼成简洁而有力的品牌主张，并贯穿于品牌建设的各个环节。

比如，土耳其卡帕多西亚地区以其独特的喀斯特地貌和热气球体验闻名于世。当地的品牌营销始终围绕"奇特的地质奇观、梦幻的热气球之旅"这一独特卖点展开，通过官方宣传片、旅游画册、社交媒体等多种渠道，生动呈现独一无二的品牌个性，吸引着世界各地的游客前来观光旅游。

独特性还要求品牌形象的视觉呈现拥有高度的辨识度。这就需要在品牌标志、色彩搭配等视觉元素上下功夫，力求设计出独具一格、令人过目不忘的视觉形象。品牌视觉识别系统的每一个细节都应该经过精心设计和千锤百炼，既要与品牌内涵高度契合，又要在纷繁复杂的市场环境中被一眼识别。

要维系品牌形象的独特性，还需要在营销传播中保持高度的一致性，不能朝令夕改、偏离既定格调。无论是在广告宣传、公关活动，还是社交媒体运营中，都应该严格遵循品牌内涵，巩固品牌独特性。同时，要尽可能创新传播方式和内容，不断为品牌注入新鲜活力，但前提是不能偏离品牌的核心价值。

（二）一致性

品牌形象塑造的一致性原则要求在各个接触点上保持品牌形象的统一性和稳定性。无论是品牌名称、标志、视觉识别系统，还是品牌故事、广告语、营销活动，都应该围绕一致的品牌定位和价值主张展开。这种一以贯之的表达有助于在消费者心中建立起清晰、连贯的品牌认知，提高品牌辨识度和美誉度。

从认知心理学的角度来看，一致性有助于强化消费者的品牌记忆。频繁、重复地接触一致性的品牌信息，能够在消费者大脑中形成深刻而持久的印象，建立起牢固的品牌联结。当消费者在选购时回想起某个品牌，脑海中浮现的往往是那些一致性的视觉元素和品牌内涵。可以说，一致性塑造了品牌在消费者心智中的"定位坐标"，使其在纷繁复杂的市场环境中脱颖而出。

一致性原则的贯彻还能够彰显品牌的专业性和可信赖性。一个言行一致、始终如一的品牌往往更容易赢得消费者的信任。当品牌在各个平台上传递出统一的声音时，消费者会认为这个品牌值得依赖，对其产品和服务质量更有信心。相反，如果品牌形象东一榔头西一棒，前后矛盾，就会给人以不专业、不可靠的感觉，动摇消费者对品牌的信赖。

从实践层面来看，贯彻一致性原则需要企业上下协同配合，建立严格的品牌管理机制。品牌管理者要制定清晰的品牌战略和执行标准，确保从品牌命名、标志设计到广告投放、客户服务等各个环节，都严格遵循品牌形象塑造的一致性要求。同时，还要加强品牌培训，提高全员的品牌意识，使每一位员工都成为品牌形象的传播者和维护者。只有内外兼修，才能将一致性原则落到实处。

三、旅游品牌名称、标志与视觉识别系统设计

（一）名称设计

旅游品牌名称是旅游目的地形象塑造的重要载体，它不仅能够传达旅游地独特的文化内涵，还能引发游客的情感共鸣，提升目的地的辨识度和美誉度。优秀的旅游品牌名称设计需要遵循特定的原则和方法，方能实现预期的传播效果。

旅游品牌名称设计要突出目的地的特色与个性。每一个旅游目的地都有自己独特的自然资源、人文底蕴和发展历程，这些要素共同构成了目的地的核心魅力。品牌名称应当准确提炼并凸显这些特色，使其成为目的地形象的关键词。例如，“千岛之国”印度尼西亚、“童话王国”丹麦，这些名称都生动体现了目的地的独特风貌，令人过目难忘。与此同时，品牌名称还要与目的地的市场定位相契合。不同的目的地面向不同的目标客群，品牌名称的设计要符合目标市场的语言习惯和审美偏好，方能引起共鸣。

旅游品牌名称要凝练、醒目、易于传播。在信息爆炸的时代，游客的注意力高度分散，优秀的品牌名称必须具备强烈的识别性和记忆点，才能在纷繁复杂的信息环境中脱颖而出。通常而言，简洁明了、朗朗上口的名称更容易被游客接受和传播。如“Amazing Thailand”“Incredible India”等，这些广告语不仅准确表达了旅游目的地的特点，其简洁有力的表达方式也大大提升了传播效率。当然，过于肤浅、缺乏内涵的品牌名称也难以取得良好效果，那样只会让目的地形象显得浮躁和廉价。

旅游品牌名称的设计要充分考虑文化差异和语言习惯。旅游目的地的客源市场往往来自不同国家和地区，品牌名称必须兼顾文化的多样性和语言的复杂性。一个在本土市场广受欢迎的名称，放到异域文化中可能就会遭遇文化折扣，

甚至产生负面影响。因此，品牌名称应尽可能规避文化禁忌和语言歧义，力求在不同文化背景下都能准确传递品牌理念。对于面向国际市场的旅游目的地而言，采用通用、中性的品牌名称不失为明智之举。

旅游品牌名称还应蕴含鲜明的情感诉求和价值主张。从旅游消费的本质来看，游客追求的不仅是目的地的自然风光和人文景观，更是一种独特的情感体验和精神愉悦。品牌名称要善于捕捉和表达这种情感体验，激发游客的向往之情。同时，在可持续发展日益受到重视的今天，代表人类的生态文明、和谐共生等理念也应适度融入品牌名称之中，彰显目的地的社会责任和价值追求。

（二）标志与视觉系统构建

旅游品牌标志与视觉识别系统作为旅游品牌形象的重要载体，在提升品牌辨识度和传播品牌理念方面发挥着不可替代的作用。一个设计精良、内涵丰富的旅游品牌标志，能够以简洁而富有冲击力的视觉符号，迅速抓住消费者的注意力，在其心中留下深刻印象。同时，标志所蕴含的文化内涵和价值主张，也能够引发消费者的情感共鸣，增强品牌认同感和忠诚度。因此，旅游品牌标志的设计绝非简单的图形创作，而是一项系统性、战略性的品牌建设工程。

旅游品牌标志设计应遵循独特性、一致性、延展性等基本原则。独特性是标志设计的首要原则，它要求标志在视觉上与同类品牌拉开距离，形成鲜明的差异化特征。这种独特性不仅体现在标志的造型、色彩等方面，更深层次地体现在标志所传达的品牌个性和价值主张上。一个真正独特的旅游品牌标志，能够准确表达品牌的核心诉求，与目标消费者形成情感共鸣。一致性原则则强调标志在各种应用场景中的视觉统一，确保品牌形象的连贯性和稳定性。无论是在宣传册、广告牌，还是在纪念品、官网等载体上，标志都应保持一致的视觉风格，塑造统一而有辨识度的品牌形象。延展性原则指标志设计应考虑到未来品牌发展的需要，为品牌的延伸和拓展预留空间。一个具有延展性的旅游品牌标志，能够在不同的产品线、服务项目中得到灵活运用，展现品牌的多元魅力。

视觉识别系统是以旅游品牌标志为核心，配以统一的色彩、字体、图形等视觉元素，形成的一套完整的视觉传播方案。它的建立旨在进一步强化旅游品牌的视觉辨识度，塑造鲜明而统一的品牌形象。色彩是视觉识别系统的重要组成部分，恰当的色彩搭配能够烘托品牌气质，激发情感共鸣。例如，黄山旅游品牌大量采用金色，象征其“五岳归来不看山，黄山归来不看岳”的独特地位；

而桂林旅游则偏好翠绿色调，突出其山水景观的秀美典雅。字体选用也应符合旅游品牌的个性定位，现代简约的字体彰显时尚活力，而古朴雅致的字体则渗透历史韵味。辅助性图形同样是视觉识别的有效手段，它们与标志形成呼应，进一步丰富和延展视觉表现。例如，云南旅游广泛使用孔雀、白族花纹等图形元素，既具民族特色，又富有艺术美感，令人印象深刻。

四、旅游品牌形象与消费者感知

（一）消费者感知测量与分析

消费者感知是评估旅游品牌形象塑造成效的重要指标。旅游品牌形象并非静止不变的客观实体，而是存在于消费者主观意识之中的动态印象。因此，品牌形象塑造的成功与否，归根结底要看消费者的实际感知如何。只有深入了解消费者对品牌的认知、态度和评价，才能真正把握品牌形象的市场表现，为后续优化提供依据。

从认知维度来看，消费者感知测量需要考察目标受众对品牌关键要素的了解程度。这包括品牌名称、标志、视觉形象、文化内涵等显性特征，以及品牌个性、理念、价值主张等隐性内容。通过问卷调查、焦点小组访谈等方式，可以系统收集消费者对品牌要素的认知数据，分析其熟悉度和识别度。如果消费者对品牌关键要素的认知水平较低，就说明品牌曝光不足或传播失焦，亟待加大宣传力度和精准触达。

从情感维度来看，消费者感知测量需要评估目标受众对品牌的好感度和依恋度。品牌形象塑造的终极目标是在消费者心中占据一席之地，建立起情感联结。因此，有必要考察消费者对品牌的喜爱程度、信任程度，以及对品牌故事、文化的认同感。情感测量可以采用语义差异法等心理测量工具，邀请消费者在一系列形容词汇中选择最能代表其情感倾向的词汇。情感数据能够反映出品牌形象的感染力和塑造活动的情感诉求效果。

从行为维度来看，消费者感知测量需要关注目标受众的实际反应和行动倾向。再好的品牌形象如果停留在感性层面而无法激发消费行为，其商业价值就大打折扣。因此，品牌形象测评应该纳入购买意愿、推荐意愿等行为指标，考察消费者在接受品牌刺激后可能采取的应对措施。通过情景模拟、角色扮演等互动式调研，可以预测品牌资产对消费决策的影响力。

（二）形象改善策略

品牌形象作为消费者对品牌整体感知的反映，对旅游目的地的市场表现和长远发展具有重要影响。然而，构建令人满意的品牌形象并非一蹴而就，它需要在广泛收集消费者反馈的基础上，不断优化品牌传播策略，调整品牌定位和形象塑造方式。只有以消费者感知为导向，根植于市场需求，品牌形象才能获得认同，为目的地带来实实在在的经济社会效益。

旅游目的地要优化品牌形象，首先需要建立完善的消费者反馈收集机制。通过问卷调查、深度访谈、网络舆情监测等多种渠道，全面了解游客对目的地品牌的认知、态度和评价，识别品牌形象在认知层面、情感层面存在的问题。大数据时代为旅游目的地收集消费者反馈提供了技术支撑，运用文本挖掘、情感分析等方法处理海量非结构化数据，能够高效、精准地挖掘隐藏在游客评论、社交媒体对话背后的真实洞见，为品牌形象优化奠定坚实基础。

消费者反馈的分析结果往往揭示出目的地品牌在定位、传播等方面的不足。对此，旅游目的地应审慎评估自身资源禀赋和市场需求，重新审视品牌定位的针对性和有效性。一个精准、差异化的品牌定位是优化形象的基石，它能够聚焦目的地的核心特色，在游客心智中确立清晰、独特的品牌联想。北京故宫博物院近年来推出的文创产品就是一个成功案例，它从消费者需求出发，将故宫元素与现代审美相融合，树立了“文化、创新、时尚”的鲜明品牌形象，获得了消费者的广泛认可。

品牌定位优化后，还需要创新传播渠道和方式，构建与目标受众产生深度互动、情感共鸣的传播矩阵。传统的广告宣传已难以触动游客内心，打动人心的是饱含情感温度、贴近生活场景的品牌故事。通过短视频、H5、沉浸式体验等新媒体形态讲好品牌故事，用产品、服务、线上线下活动等实实在在的方式丰富品牌内涵，让品牌形象鲜活立体地呈现在消费者面前。此外，积极引导游客参与品牌传播，通过口碑营销、网红营销、意见领袖（KOL）营销等方式放大品牌影响力，让品牌形象内化为消费者自发的情感表达和价值认同，品牌形象才能真正深入人心。

品牌形象的优化是一项系统工程，它绝非一日之功，而是需要旅游目的地在发展战略、组织管理、产品服务等方方面面持续发力。品牌形象不是高高在上的概念，相反它必须注重旅游各利益相关方的现实感受。通过推动社区参与、利益共享、多方协作，在更广泛的层面凝聚品牌共识，将品牌形象内化为全员的价值追求和行动指南，才能为品牌注入不竭动力，激发品牌生命力。品牌形象也并非一成不变，它必须紧跟时代步伐，回应消费者需求变迁。在数字经济时代，旅游目的地更应善用互联网思维，通过流量思维、平台思维、生态思维等，重构品牌与消费者的连接，让品牌形象焕发出新的活力。

第四节　旅游品牌发展规划与实施

一、旅游品牌发展规划的制定流程

（一）环境分析与趋势预测

旅游品牌的发展规划与实施离不开对内外部环境的全面分析和发展趋势的准确预判。只有立足现实，放眼未来，旅游品牌才能在纷繁复杂的市场竞争中占据有利地位。从外部环境来看，旅游业已经成为我国国民经济的战略性支柱产业，国家和地方政府出台了一系列支持旅游业发展的政策措施，为旅游品牌的建设与推广提供了良好的宏观环境。同时，随着居民可支配收入的不断提高和消费结构的优化升级，旅游已成为人们生活中不可或缺的一部分。这一趋势不仅为旅游品牌带来了广阔的市场空间，也对其提出了更高的要求，如，如何满足游客个性化、多元化的需求，如何提供优质的旅游产品和服务等。

从内部环境来看，旅游品牌的发展现状和资源禀赋是影响其未来走向的关键因素。一方面，要深入分析旅游品牌当前的市场定位、核心竞争力、目标客群等，准确把握自身的优势和不足；另一方面，要系统梳理旅游品牌所依托的自然资源、人文资源、基础设施等，这些都是制定发展规划的重要依据。只有在全面了解内外部环境的基础上，旅游品牌才能科学预判行业发展趋势，准确把握市场机遇与挑战。

当前，我国旅游业正处于转型升级的关键时期，传统的粗放型发展模式已难以为继。在这样的背景下，旅游品牌要着眼长远，顺应行业发展大势，将生态化、多元化、个性化、智慧化作为未来发展的主要方向。生态化是旅游业可持续发展的必由之路，旅游品牌要树立绿色发展理念，以生态文明建设为引领，打造资源节约型、环境友好型的发展模式。多元化和个性化是旅游消费升级的必然趋势，旅游品牌要深度挖掘特色资源，丰富产品业态，满足不同层次、不同群体游客的多样化需求。智慧化则代表着旅游业与现代科技深度融合的大趋势，旅游品牌要积极运用大数据、云计算、人工智能等新技术，推动智慧旅游建设，提升管理和服务水平。

（二）确定发展愿景与目标

旅游品牌发展的成功需要一个明确而富有远见的愿景作为引领。这一愿景不仅为品牌的未来发展指明方向，更是凝聚内外部资源、激励利益相关者的精神旗帜。基于对内外部环境的深入分析，旅游品牌应着眼长远，科学制定未来发展蓝图，明确阐述品牌的价值主张、市场定位和战略目标。只有高瞻远瞩地描绘出令人向往的前景，才能为品牌的持续成长注入不竭动力。

发展愿景的制定需要立足品牌所处的市场环境和行业趋势。通过系统梳理宏观经济形势、产业政策导向、消费者需求变化等外部因素，品牌能够把握发展机遇，预判潜在挑战。同时，还要审慎评估自身的资源禀赋、核心竞争力、经营管理状况等内部条件，明晰优势短板，找准改进方向。唯有对内外部环境有着清醒认知，才能确保发展愿景的科学性和可行性。

在环境分析的基础上，旅游品牌需要以前瞻性思维勾勒发展蓝图。这一蓝图既要体现品牌的核心价值理念，又要契合目标市场的需求特征。譬如，一个主打生态旅游的品牌，其愿景可以聚焦“打造人与自然和谐共生的绿色旅游典范”。而一个定位高端商务客群的品牌，则可将“打造极致舒适和专属尊崇的商旅体验”作为发展愿景。品牌愿景的设定要彰显特色，凸显与竞争对手的差异化定位。

（三）规划步骤与方法选择

旅游品牌发展规划的制定是一个系统而复杂的过程，需要旅游企业高度重视并科学把控。在确定旅游品牌愿景与目标的基础上，旅游企业要结合自身条件与外部环境，选择合适的规划步骤与方法，为品牌发展绘制一张清晰而可行的路线图。

深入分析旅游市场环境是旅游品牌发展规划的逻辑起点。只有通过对政治、经济、社会、技术等宏观环境以及行业竞争态势、消费者偏好等中微观环境的全面扫描，旅游企业才能准确把握自身的资源禀赋与市场定位，在众多的发展路径中选择最佳方案。在此过程中，PEST 分析、SWOT 分析、STP 分析等经典工具可以派上用场，帮助企业系统梳理外部机会与威胁、内部优势与劣势，找准品牌发展的突破口和着力点。

目标设定是旅游品牌发展规划的灵魂所在。科学、清晰、可衡量的目标不仅为品牌发展指明方向，更是检验规划执行成效的重要尺度。在目标设定时，旅游企业要遵循 SMART 原则，即目标必须具有具体性、可衡量性、可达性、相关性、时限性。以“将品牌知名度在 3 年内提升 20%”为例，这一目标明确了提升对象（知名度）、提升幅度（20%）、完成期限（3 年），可操作性强，便于分解落实和动态监控。

策略制定是旅游品牌发展规划的核心内容。在目标设定的基础上，旅游企业要进一步细化品牌建设的具体策略，制订切实可行的行动方案。一般而言，品牌发展策略可分为品牌定位、品牌识别、品牌传播、品牌管理等方面。品牌定位解决“我是谁”的问题，旨在塑造鲜明而独特的品牌形象；品牌识别解决“我像谁”的问题，通过 Logo、标语、VI 系统等视觉元素提高品牌辨识度；品牌传播解决“让别人知道我”的问题，运用广告、公关、营销等手段扩大品牌影响力；品牌管理则从组织、制度、文化等方面入手，夯实品牌发展的基础。在策略制定时，旅游企业要注重系统性、协同性，使各项举措相互配合、环环相扣。

资源配置是旅游品牌发展规划的重要保障。品牌发展离不开人、财、物等关键资源的支持，只有将有限资源用在刀刃上，才能实现规划目标的高效达成。根据品牌建设需求，旅游企业要在人力资源、财务资源、物质资源、技术资源等方面制订配套方案，形成资金、人才、技术等发展要素的合力。以人力资源为例，品牌发展对员工素质提出了更高要求，因此企业要加大人才引进力度，优化人员结构，打造一支富有创新精神、熟悉品牌运作的骨干队伍。同时，企业还应加强员工培训，开展以“情感认同、知识技能、行为养成”为主线的系统化培训，使每位员工都成为品牌形象的代言人。

风险管理是旅游品牌发展规划的必要补充。品牌发展是一项长期而复杂的系统工程，在推进过程中不可避免地会遇到各种风险和挑战，如市场风险、声誉风险、财务风险等。为最大限度规避风险，旅游企业要树立忧患意识，做好风险预判和防控。一方面，要建立完善的风险识别机制，通过大数据分析、情景模拟等技术手段，及时发现潜在风险点；另一方面，要制订周密的应急预案，明确风险发生后的处置流程和责任人，最大限度降低风险带来的损失。同时，企业还应注重品牌危机管理，提高品牌应对负面事件的能力，维护良好的品牌声誉。

二、旅游品牌发展的短期、中期与长期规划

（一）短期规划的重点与目标

短期规划是旅游品牌发展战略中至关重要的组成部分，它为品牌的近期发展目标提供了清晰、可行的路线图。在制定短期规划时，需要立足旅游品牌的现状，深入分析内外部环境，准确把握市场需求和竞争态势，从而确定切实可行的发展目标。

具体而言，短期目标应该围绕提升品牌知名度、提高市场占有率、优化产品结构、改善游客体验等方面展开。这些目标不仅要与品牌的整体发展战略相一致，还要考虑到资源条件、执行能力等现实因素。

为了实现短期目标，旅游品牌需要在营销推广、产品创新、服务提升等方面采取针对性措施。在营销推广方面，可以利用社交媒体、网络广告等新媒体渠道，提高品牌曝光率和互动性；在重点客源地开展主题营销活动，吸引目标客群；与知名 OTA 平台合作，扩大在线销售渠道。在产品创新方面，要根据市场需求和自身特色，开发差异化、精品化的旅游产品；优化产品结构，提高高附加值产品的比重；推出个性化、定制化的特色产品和服务，满足细分市场需求。在服务提升方面，要建立完善的服务质量标准和监管体系；加强员工培训，提高服务意识和技能；完善游客投诉处理机制，提升游客满意度。

短期规划的制定和实施还需要有配套的保障措施。首先要建立健全的组织架构和管理制度，明确各部门职责，确保规划落实到位。其次要加强人才队伍建设，引进和培养市场营销、品牌管理等专业人才，为品牌发展提供智力支持。最后要完善信息化建设，建立品牌管理信息系统，实现数据采集、分析、应用的系统化和精细化。

（二）中期规划的战略方向

旅游品牌的中期发展规划需要在短期目标的基础上，进一步明确未来 3 到 5 年的战略方向。在这一阶段，旅游品牌应着眼于在市场中建立稳固的地位，扩大品牌影响力，并为实现长期愿景奠定坚实基础。为此，旅游品牌需要在品牌建设和市场占领两个维度上制定清晰、可行的战略规划。

品牌建设方面，中期规划应聚焦于提升品牌的识别度和美誉度。具体而言，旅游品牌需要进一步强化品牌定位，明确品牌价值主张，并通过一系列营销传播活动，将品牌形象深入人心。同时，品牌还应着力提升服务质量，完善服务体系，为游客创造更加优质的旅游体验。通过持续不断的品牌建设，旅游品牌将在消费者心中树立起独特、积极的形象，增强品牌忠诚度和顾客黏性。

市场占领方面，中期规划应以扩大市场份额为核心目标。旅游品牌需要深入分析目标市场的特点和需求，有针对性地开发新产品、新服务，满足不同细分市场的差异化需求。同时，品牌还应积极拓展新的地域市场，通过战略合作、资源整合等方式，将品牌触角延伸至更广阔的区域。在巩固现有市场优势的同时，不断开拓新的增长点，实现市场份额的持续提升。

中期规划还应高度重视品牌创新和数字化转型。在激烈的市场竞争中，唯有不断推陈出新，以创新驱动发展，才能保持品牌的生命力。旅游品牌需要紧跟行业前沿，积极探索新技术、新模式在旅游领域的应用，为游客带来更加智能、个性化的服务体验。同时，数字化转型也是大势所趋。品牌应加快数字化进程，运用大数据、人工智能等技术，优化营销策略，提升运营效率，实现品牌发展的降本增效。

中期规划的制定需要基于对内外部环境的深入分析，综合考虑品牌自身优劣势以及市场机遇与挑战。通过科学的战略规划，明确品牌建设和市场占领的具体路径，并匹配必要的资源投入和组织保障，旅游品牌方能在未来 3 到 5 年实现跨越式发展。这不仅需要品牌管理者的战略眼光和决策魄力，更需要上下一心、协同发力，将战略规划落到实处。

（三）长期规划的持续发展路径

旅游品牌的长期发展规划需要立足全局和长远，以战略性思维和前瞻性眼光审视品牌建设的方方面面。从品牌定位到市场营销，从产品创新到服务提升，每一个环节都应纳入规划的视野，并在动态变化的市场环境中不断调整和优化。具备深厚品牌管理功底和敏锐市场洞察力的规划者，能够准确把握旅游行业发展趋势，深入解析目标受众需求，从而制定出科学、务实、可行的发展规划，为品牌的可持续成长提供坚实的路线图。

旅游品牌要实现长期成功，必须树立品牌价值观，将社会责任融入发展战略。在追求经济效益的同时，更应关注生态环境保护、文化传承创新等议题，以负责任的姿态参与社区建设，回馈利益相关方。唯有将品牌发展与社会进步紧密相连，才能赢得消费者的信赖和支持，为品牌注入源源不断的正能量。品牌规划者需要具备广阔的国际视野和人文情怀，善于将全球化趋势中蕴含的机遇转化为品牌发展的助力，并以开放包容的心态欣赏和融合多元文化，以此丰富品牌内涵，提升品牌魅力。

旅游品牌发展规划还应重视组织变革和人才培养。品牌的长远成长离不开专业化、职业化的管理团队，更需要一支充满激情、富于创造的员工队伍。组织架构的优化调整，既要提高决策效率，又要激发基层活力。人才发展机制的完善，既要为优秀人才搭建成长平台，又要营造鼓励创新、宽容失败的企业文化。只有不断增强组织的柔韧性和创新力，旅游品牌才能在瞬息万变的市场环境中保持旺盛的生命力。

长期规划的制定和实施，是一个动态调整、螺旋上升的过程。规划本身的科学性固然重要，但更为关键的是执行落地的有效性。这就要求规划者不仅要高瞻远瞩，更要脚踏实地，在规划实施过程中及时收集反馈，灵活调整策略，将美好蓝图一步步转化为生动现实。同时，品牌的长期发展离不开利益相关方的广泛参与和共同推进。从业主到员工，从合作伙伴到社区民众，规划的制定和落实都应让各方获得“参与感”和“获得感”，调动一切积极因素，形成品牌发展的强大合力。

三、旅游品牌发展规划与资源配置

（一）人力资源分配策略

人力资源是旅游品牌发展的核心要素，合理调配人才是实现品牌目标的关键。在制定旅游品牌发展规划时，必须高度重视人力资源的战略配置，将其作为品牌建设的重中之重。

从宏观层面来看，旅游品牌的发展离不开行业高端人才的引领和支撑。这就要求在人力资源规划中，要着眼于引进和培养具有国际视野、战略思维的复合型旅游管理人才。这些人才不仅要熟悉旅游业发展规律，掌握现代营销策略，更要具备敏锐的市场洞察力和创新意识，能够准确把握旅游消费趋势，开拓新的市场增长点。同时，还要重视培养具有跨文化沟通能力、国际营销经验的高素质从业人员，为旅游品牌的全球化布局提供人才保障。

从微观层面来看，建设高素质、专业化的一线服务团队是提升旅游品牌美誉度和竞争力的关键所在。在人力资源配置上，要加大对一线员工的培训投入，提高其专业服务水平和职业素养。通过开展系统化、多样化的培训项目，帮助员工掌握标准化的服务流程和技能，树立优质服务意识，提升游客满意度和忠诚度。同时，要建立科学的绩效评估和激励机制，根据员工的工作表现和贡献大小，给予相应的物质奖励和职业发展机会。这不仅能够调动员工的工作积极性，也有利于优秀人才的稳定和成长。

在人才队伍建设中，还要注重发挥团队协作的优势，打造富有凝聚力和创造力的工作氛围。通过开展形式多样的团建活动，增进员工之间的了解和信任，提升团队的向心力和归属感。鼓励员工积极参与品牌发展的思考和决策，建立开放、民主的沟通渠道，让每个人都能够找到发挥特长、贡献智慧的舞台。唯有让员工真正成为品牌发展的主人翁，调动起每个人的主观能动性，才能汇聚起推动品牌不断前行的磅礴力量。

（二）财务资源的预算与控制

旅游品牌发展规划的实施离不开财务资源的合理配置和有效管控。财务资源作为企业运营的血脉，在很大程度上决定着旅游品牌发展规划能否顺利推进。因此，旅游企业必须高度重视财务预算管理，优化资金配置，提高资金使用效率，为品牌发展规划的实施提供坚实的物质基础。

具体而言，旅游企业应根据品牌发展规划的总体目标和阶段性任务，科学编制财务预算。预算编制要全面考虑市场环境、经营状况、资金来源等因素，合理估算各项收支，确保资金供给与规划需求相匹配。同时，要建立严格的预算审批和调整机制，根据实际情况动态优化资源配置，提高预算执行的灵活性和适应性。

在资金筹集方面，旅游企业要积极拓宽融资渠道，优化资本结构。传统的间接融资渠道如银行贷款固然重要，但也要探索股权融资、债券发行等直接融资方式，降低融资成本，提高资金使用效率。同时，要加强与地方政府、金融机构的沟通合作，争取各种优惠政策和低成本资金支持，为品牌发展规划营造良好的外部环境。

资金使用的监管和绩效评估也不容忽视。旅游企业要建立健全财务管理制度，规范资金使用行为，提高财务信息质量。要加强预算执行的监控，及时发现和纠正偏差，确保资金使用与既定目标相一致。同时，要强化绩效评估与考核，将资金使用效益与部门和个人利益相挂钩，调动各方面的积极性，促进资金效益最大化。

旅游企业还要注重财务管理人才的培养和引进。高素质的财务管理团队是优化资源配置、提升资金效益的关键。企业要加大人才培养力度，完善薪酬激励机制，为财务人员提供学习进修、职业发展的机会，打造一支业务精湛、开拓创新的财务管理队伍。

（三）物质与技术资源的优化利用

旅游品牌发展的物质与技术资源，既涵盖了丰富多样的旅游资源禀赋，也包括先进的科技手段与创新应用。高效利用和优化配置这些资源，是提升旅游品牌竞争力的关键所在。以特色旅游资源为例，它们是一个地区旅游品牌的核心竞争力。无论是自然景观还是人文遗产，都蕴藏着巨大的开发潜力。但资源禀赋只是前提，如何盘活和利用这些资源，才是旅游品牌建设的重点。这就需要运用现代科技手段，对旅游资源进行系统梳理和科学规划，提炼出独特的旅游产品和服务，满足游客的多元化需求。同时，还要注重资源的保护和可持续利用，在开发中坚持生态优先、绿色发展的理念，最大限度地延续资源的生命力。

除了旅游资源，现代信息技术的应用也是提升旅游品牌竞争力的重要手段。在移动互联网时代，游客对旅游信息的获取、产品的预订、服务的体验都高度依赖于数字化平台。因此，旅游品牌必须紧跟技术发展的步伐，积极布局线上渠道，利用大数据、云计算等技术提升管理和服务水平。通过数字化转型，旅游企业可以更精准地洞察市场需求，优化资源配置，为游客提供个性化、智能化的旅游服务。同时，VR/AR、人工智能等前沿技术的应用，也为旅游体验注入了新的活力。游客可以在虚拟场景中身临其境地感受旅游目的地的魅力，享受沉浸式、交互式的旅游体验。这些创新应用不仅满足了游客日益增长的体验需求，也为旅游品牌带来了新的想象空间和竞争优势。

物质与技术资源的利用也面临着诸多挑战。一方面，资源分布的不均衡性可能制约旅游品牌的发展。一些地区可能拥有优质的旅游资源，但交通、信息等基础设施滞后，难以充分发挥资源优势。另一方面，技术应用也可能带来新的问题，如个人隐私保护、技术安全等。旅游品牌在享受技术红利的同时，也要高度重视技术应用的规范性和伦理性。此外，物质与技术资源的优化利用，还需要政府、企业、社会等多方共同发力。只有通过系统性的规划和政策引导，完善基础设施建设，营造良好的发展环境，才能真正实现资源的高效配置和可持续利用。

第二章　旅游品牌传播与渠道选择

第一节　旅游品牌传播媒体的选择

一、传统媒体的特点与优势

（一）传统媒体在品牌传播中的作用

传统媒体凭借其深厚的积淀和广泛的影响力，在旅游品牌传播中发挥着不可替代的重要作用。电视、广播、报纸、杂志等传统媒体形式，以其权威性、可信度和覆盖广度的优势，为旅游品牌的宣传推广提供了有力支撑。通过传统媒体渠道，旅游品牌能够触达更广泛的受众群体，尤其是对互联网接受度较低的中老年群体，从而最大限度地扩大品牌影响力。

传统媒体对于塑造旅游品牌专业形象具有独特优势。通过高质量的新闻报道、专题节目制作，传统媒体能够全方位、多角度地展现旅游品牌的特色与内涵。权威性的媒体报道能够增强受众对品牌的信任感，而生动形象的节目呈现则有助于加深受众对品牌的理解和认同。与此同时，通过与知名媒体人、行业专家的合作，旅游品牌还能借助其专业形象，进一步提升品牌在消费者心中的地位。

传统媒体与目标受众之间建立的紧密联系，也是其在旅游品牌传播中的重要优势之一。长期以来，受众已经养成了通过特定媒体获取信息的习惯，形成了相对稳固的"媒介依赖"关系。旅游品牌可以利用这一点，通过与目标受众偏好的媒体形式合作，更精准、更有效地触达潜在消费者。同时，传统媒体积累的用户数据和受众洞察，也为旅游品牌的精准营销提供了重要参考。

在数字时代背景下，单纯依靠传统媒体已经难以满足旅游品牌传播的全部需求。但传统媒体在覆盖广度、权威性等方面的独特优势，依然是任何新媒体形式都难以完全替代的。

（二）传统媒体的可靠性与权威性

传统媒体在市场竞争中面临诸多挑战，但其可靠性和权威性依然是构筑旅游品牌专业形象的重要支柱。相较于新兴媒体平台，传统媒体经过长期发展已然建立起成熟完善的内容生产和传播机制。这一机制以严格的把关和审核为前提，确保了传播内容的真实性和专业性。正是基于这种高标准、严要求的内容把控，传统媒体在公众心目中树立了可信赖的形象。这种形象一旦与旅游品牌建立起关联，将极大提升品牌的公信力和美誉度。

传统媒体积淀了广泛而深厚的受众基础，覆盖了社会各阶层、各年龄段的群体，其中不乏旅游决策的关键影响者，如企事业单位负责人、政府机关工作人员等。通过传统媒体对旅游品牌的报道和宣传，能够触达这些重要的影响者，形成口碑效应并迅速带动更多潜在消费者的关注。由此，品牌知名度和认可度将在更大范围内得到提升。

作为旅游品牌传播的重要渠道，传统媒体还具有独特的议程设置功能。借助新闻报道、专题策划、深度访谈等方式，传统媒体能够引导公众聚焦品牌的核心理念和优势特色。在此过程中，媒体平台的权威性将自然转化为品牌形象的专业性。这种“媒体背书”的效应，有利于塑造旅游品牌值得信赖、质量上乘的行业领先地位。

具体而言，传统媒体可从多角度切入，系统构建旅游品牌专业形象。例如，围绕品牌经营的独特理念和发展历程，推出系列深度报道，彰显品牌内涵和专业素养。对标业内标杆，通过对比分析凸显品牌在产品、服务等方面的创新亮点。邀请行业专家、权威机构发声，以第三方视角解读品牌价值，提升品牌的行业地位和影响力。同时，积极探索传统媒体与新媒体融合的传播路径，实现优势互补，扩大品牌宣传的覆盖面和渗透力。

（三）传统媒体与目标受众连接

传统媒体在旅游品牌传播中扮演着不可替代的角色，其凭借着广泛的覆盖面和深厚的公信力积淀，成为品牌信息传递的重要渠道。传统媒体所独有的权威性和可靠性，能够帮助旅游品牌快速建立专业、诚信的形象，赢得消费者的信赖。同时，传统媒体往往与目标受众保持着紧密的联系，这种联系不仅体现在媒介接触上，更在于情感纽带的维系。当一个旅游品牌的信息通过熟悉的报纸、杂志、电视等载体进行传递时，消费者更容易产生共鸣和认同。

从认知心理学的角度来看，传统媒体在旅游消费者心智中占据着重要位置。消费者对于品牌的感知和记忆，很大程度上源自媒体的长期熏陶。那些在报纸头版刊登广告、在黄金时段播放宣传片的旅游品牌，往往能够在受众心中留下深刻印象。这种品牌传播策略，有助于旅游品牌信息在消费者心智中建立清晰、稳固的链接，提升品牌的识别度和美誉度。当消费者在作出旅游决策时，脑海中浮现的品牌形象往往对其选择产生关键影响。

传统媒体还能够充分利用新闻报道、专题节目等形式，生动鲜活地呈现旅游品牌的特色与内涵。一篇深度报道可以为旅游目的地的历史文化底蕴增添厚重感，一档精心制作的专题节目则能为旅游项目的内容构成生动注脚。这种富有感染力的信息传播方式，能够引发消费者的情感共鸣，激发其对旅游产品的向往和追求。由此，旅游品牌不再是冰冷的符号，而是散发着温度、充满诱惑的存在，能轻易俘获人心。

尽管新媒体的崛起对传统媒体形成了一定冲击，但就目前而言，两者在旅游品牌传播中仍是互补而非替代的关系。传统媒体积累的品牌资产和受众基础是新媒体无法短期复制的。同时，不同媒体形态在覆盖人群、传播特点上各有所长，唯有实现优势互补、有机融合，才能最大化品牌传播效果。与其将新旧媒体对立起来，不如探索协同传播的路径，发挥各自优势，形成合力。

二、新媒体的类型与影响力

（一）不同类型新媒体平台分析

新媒体平台的多样性为旅游品牌传播提供了广阔的空间。社交网络、博客、视频平台等不同类型的新媒体，各具特色，在旅游品牌传播中发挥着独特的作用。社交网络以其庞大的用户基础和强大的社交属性，成为旅游品牌与消费者互动交流的重要阵地。通过在社交网络上创建官方账号，发布旅游资讯、产品信息和优惠活动，旅游品牌可以直接触达目标受众，建立与消费者的紧密联系。用户通过关注、评论、转发等方式参与互动，不仅扩大了品牌影响力，也为口碑传播创造了条件。

博客以其个人化、原创性的特点，为旅游品牌传播注入了鲜活的生命力。旅游博主通过记录自己的旅行见闻、分享独到的观点和体验，吸引了大量忠实读者。旅游品牌可以与知名博主合作，通过软文、评测等形式，借助博主的影响力触达目标受众。博主真实、生动的描述，能够引发读者的共鸣和向往，激发其旅游消费欲望。此外，专业的旅游博客还会提供大量实用的出行攻略、目的地介绍等信息，成为游客旅行决策的重要参考。

视频平台凭借其直观、生动的视听呈现方式，在旅游品牌传播中大放异彩。通过制作精美的宣传片、微电影等形式，旅游品牌可以直观地展示目的地风光、特色文化和产品魅力，吸引受众的目光。游客通过视频真实地感受旅游目的地的风土人情，激发其探索欲望。同时，视频平台也为用户分享旅游体验提供了平台。游客拍摄的旅行视频博客（Vlog）、景点评测等视频，通过分享和传播，为旅游品牌带来了真实、可信的口碑效应。

不同类型的新媒体平台各具特色，但在旅游品牌传播中又能够实现优势互补、协同发力。社交网络有助于旅游品牌与消费者直接互动，博客则能够提供更加深入、专业的内容分析，视频平台更加直观地展示旅游产品的魅力。旅游品牌可以根据自身定位和传播诉求，选择合适的新媒体组合，实现差异化、精准化的营销传播。比如，以年轻群体为主要目标受众的旅游品牌，可以重点布局社交网络和短视频平台；以中高端客户为目标受众的旅游品牌，则可以通过专业博客、长视频等方式，提供更加深度、体验式的内容呈现。

（二）新媒体对提高品牌知名度的作用

新媒体以其独特的互动性、即时性和广泛性，正在改变着人们获取信息、交流互动的方式，也为旅游品牌传播带来了新的机遇和挑战。在新媒体时代，旅游品牌要想提升知名度、吸引更多游客，必须充分利用新媒体平台的优势，制定科学有效的传播策略。

新媒体平台具有传播速度快、覆盖范围广、互动性强等特点，为旅游品牌的快速传播提供了便利条件。通过微博、微信、短视频等社交媒体，旅游品牌可以实时发布最新动态，与潜在游客进行直接沟通，了解他们的需求和反馈。同时，这些平台还能通过转发、点赞、评论等功能实现信息的病毒式传播，迅速扩大品牌影响力。一条精心制作的旅游短视频，可能在几小时内就吸引数十万次观看和上千条评论。这种裂变式的传播效果，是传统媒体难以企及的。

新媒体还为旅游品牌提供了更加多元化、个性化的展示方式。通过图文、视频、直播等多种形式，旅游品牌能够全方位、多角度地展现目的地的风景名胜、人文历史、民俗风情，吸引游客的眼球。借助 VR、AR 等沉浸式技术，还能为潜在游客提供身临其境的体验，激发其到访的欲望。与千篇一律的纸媒广告相比，新媒体营销能够根据不同受众的特点，定制个性化的内容，满足他们的差异化需求。新媒体还为品牌与消费者之间建立起了双向互动的桥梁。游客可以通过新媒体平台分享旅游体验、发表评价，成为品牌形象的有机传播者。

积极倾听和回应游客的声音，与其展开良性互动，能够增强游客的品牌认同感和忠诚度。旅游品牌还可以通过举办网络活动，鼓励用户创作和分享与品牌相关的内容，形成裂变式的口碑传播。一次成功的新媒体互动营销活动，往往能在短时间内引发大量关注和讨论，使品牌形象深入人心。

新媒体营销并非万能灵药，旅游品牌要想充分发挥其优势，还需要与目标市场和营销策略相匹配。过于生硬的广告推送，容易引起用户反感；内容同质化、缺乏特色，难以在信息爆炸的时代脱颖而出。因此，旅游品牌还需要加强内容创新，以独特的视角、精良的制作、饶有趣味的互动吸引受众。同时要加强新媒体传播的精准性，根据不同平台和用户群体的特点，有的放矢地投放内容。唯有与时俱进、因势利导，旅游品牌才能在新媒体时代乘风破浪，实现知名度和美誉度的双提升。

（三）新媒体影响力量化分析

随着互联网技术的飞速发展，新媒体平台已成为旅游品牌传播的重要阵地。相比传统媒体，新媒体具有实时互动、海量信息、精准投放等优势，能够更有效地触达目标受众，提升品牌知名度和美誉度。然而，仅仅开展新媒体传播是远远不够的，如何科学评估其效果；优化传播策略，已成为旅游品牌管理者亟待解决的难题。

新媒体影响力的量化分析需要建立在大数据挖掘和计算的基础之上。通过收集新媒体平台上与旅游品牌相关的海量数据，如用户点击量、转发量、评论量等，运用数学模型和算法进行分析，可以客观呈现品牌传播的覆盖面、渗透力和影响力。同时，还可以通过数据可视化技术，直观展示传播效果，为品牌决策提供直观可靠的依据。例如，某知名在线旅游平台利用大数据分析，发现其品牌微博的转发量与目的地酒店预订量呈显著正相关，据此优化了微博内容策略，最终实现了酒店预订量的大幅提升。

新媒体影响力分析的另一重点是评估用户参与度和互动质量。在社交媒体时代，用户不再是被动的信息接收者，而是积极的内容生产者和传播者。因此，单纯的曝光量指标已不能全面反映传播效果，还需考察用户的参与深度和互动质量。这就要求平台记录用户行为数据，如浏览时长、点赞评论、主动分享等，定性与定量相结合，多维度评估用户参与度。例如，针对旅游 KOL 的影响力分析，不仅要看其粉丝数量，更要考察粉丝的活跃度、互动频次、情感倾向等，全面评判其对品牌传播的贡献度。

竞争对手分析也是新媒体影响力评估的重要内容。通过比较行业内其他旅游品牌的新媒体传播数据，可以相对客观地评判自身的优劣势，有针对性地调整传播策略。同时，对标竞品的优秀案例和先进经验，也能为品牌传播提供有益启示。例如，通过分析发现，行业头部品牌在短视频平台的影响力远超自身，某品牌管理者据此决定加大短视频营销投入，最终实现了品牌影响力的跨越式提升。

三、媒体选择的策略依据

（一）目标市场媒体使用习惯分析

旅游品牌传播的媒体选择需要基于对目标受众媒体使用习惯的深入分析。在制定媒体组合策略时，首先要明确旅游品牌的目标市场，深入了解不同细分市场的人口特征、旅游动机和媒体接触行为。通过问卷调查、访谈等方式收集第一手数据，再结合第三方数据平台提供的受众画像，对目标市场的媒体使用习惯进行全面梳理。

这一分析过程需要从媒体类型、使用频率、使用时长、使用场景等多个维度入手。就媒体类型而言，要区分传统媒体和新媒体，进一步细分报纸、杂志、广播、电视、户外、网络、移动端等不同媒体形态，评估各类媒体在目标受众中的覆盖率和影响力。使用频率和使用时长的分析有助于判断目标受众对特定媒体的依赖程度和注意力投入，进而估算广告投放的有效触达频次。使用场景的考察则为媒体组合策略提供了更加细化的指引，如上下班途中的交通工具媒体、办公场所的视频媒体、家中的传统媒体等，有针对性地选择最能吸引目标受众眼球的媒体形式和投放时段。

在当前融媒体环境下，不同媒体类型之间的界限日益模糊，受众的媒体使用习惯呈现出碎片化、多元化的趋势。对此，旅游品牌需要构建多触点的媒体组合，综合运用各类媒体资源，形成立体化的传播矩阵。一方面，要在目标受众常用的媒体渠道中持续曝光，提升品牌在潜在游客心智中的地位；另一方面，还要发掘细分受众独特的媒体偏好，有针对性地投放高相关度的旅游信息和品牌广告，实现更加精准有效的触达。

大数据技术的发展为旅游品牌的媒体选择提供了新的思路。通过追踪分析用户在不同媒体平台上的浏览、搜索、点击、转发等行为数据，可以实时洞察目标受众的兴趣偏好，优化媒体组合策略。例如，当某细分市场的用户在社交媒体上频繁互动有关旅游体验的帖子时，品牌就可以及时调整投放策略，加大在相关社交平台的广告投入，精准触达意向更强烈的潜在游客。

（二）媒体选择与品牌特性匹配

旅游品牌建设是一个复杂而系统的过程，媒体选择对于塑造品牌形象、传播品牌价值具有举足轻重的作用。在进行媒体选择时，必须充分考虑旅游品牌的特性，选择那些与品牌形象相符、能够有效触达目标受众的媒体。只有实现媒体选择与旅游品牌特性的精准匹配，才能最大限度地发挥媒体传播的效能，为品牌建设赢得先机。

旅游品牌具有鲜明的个性化特征，不同的旅游品牌在市场定位、目标客群、品牌个性等方面都存在显著差异。因此，在媒体选择时必须充分考虑这些特性，选择那些能够准确传递品牌个性、吸引目标客群的媒体渠道。例如，定位高端、注重品质的旅游品牌，可以选择高端杂志、财经媒体等与其调性相符的传播渠道；而主打年轻时尚的旅游品牌，则更适合借助社交媒体、网红平台等新兴媒体进行传播。只有实现媒体属性与品牌个性的契合，才能产生良好的传播效果，提升品牌美誉度。

旅游品牌的目标受众也是媒体选择需要重点考虑的因素。不同的旅游品牌面向的目标客群存在差异，这些客群在人口统计特征、地域分布、媒体接触习惯等方面都有所不同。因此，媒体选择必须以目标受众为中心，深入分析其媒体使用行为和偏好，选择那些能够有效触达、引起共鸣的媒体渠道。例如，面向年轻群体的旅游品牌，可以重点布局短视频平台、直播平台等互联网新媒体；而针对中老年客群的旅游品牌，则更适合通过传统电视、广播、报纸等大众媒体进行推广。唯有精准锁定目标受众，实现媒体渠道与受众特征的匹配，才能最大限度地提升传播效率，扩大品牌影响力。

媒体选择还需要综合考虑旅游品牌所处的发展阶段和推广预算。对于处于导入期的新兴旅游品牌，由于尚未建立起市场知名度，更需要借助覆盖面广、影响力大的媒体渠道快速提升品牌认知度；而对于已进入成熟期的知名旅游品牌，则可以更多地利用精准化、互动性强的媒体渠道，深化与消费者的情感联结。同时，媒体选择还需要权衡投入产出比，在预算范围内寻求传播效果的最大化。对于预算有限的中小旅游品牌，可以考虑利用性价比高的新媒体渠道，如网络平台、自媒体等，通过内容营销、口碑传播等方式提升品牌美誉度。

（三）广告预算与媒体投入优化

广告预算与媒体投入优化是旅游品牌传播中不可忽视的关键环节。合理配置广告预算，选择恰当的媒体组合，对于最大化品牌传播效果、提升营销投资回报率具有决定性意义。只有立足旅游品牌的特点和目标受众的媒体接触习惯，制定科学、精准的媒体投放策略，才能在激烈的市场竞争中赢得先机，实现品牌价值的持续提升。

从广告预算分配的角度来看，旅游品牌需要综合考虑多方面因素，如营销目标、目标市场规模、竞争对手策略等，以确定最优的投入规模和时间节点。一般而言，在品牌建设的初期，广告预算投入应该相对集中，以快速提升品牌知名度和美誉度为目标；而在品牌发展的成熟期，广告预算则应该相对分散，侧重于维护品牌忠诚度和稳固市场地位。同时，旅游品牌还应该根据旅游产品的季节性特征和目标市场的节假日分布，动态调整广告预算的投放节奏，在关键时点加大投入力度，以最大限度地撬动消费需求。

在媒体选择方面，旅游品牌需要全面衡量各类媒体的覆盖面、影响力、公信力以及与品牌调性的契合度，构建起最优的媒体组合。传统媒体如电视、报纸、杂志等，凭借其权威性和广泛的社会影响力，在树立品牌形象、提升品牌美誉度方面具有独特优势；而新媒体如社交网络、视频网站、搜索引擎等，则以其精准的受众定位、海量的用户基数、强大的互动性，为旅游品牌的精准营销和口碑传播提供了高效渠道。旅游品牌应该根据各媒体的特点和优势，有针对性地设计传播内容和互动机制，实现“量身定制”式的精准触达。

旅游品牌在媒体投放过程中，还应该高度重视广告创意和表现形式的优化。优秀的广告创意能够打动人心、引发共鸣，使品牌信息在受众心中留下深刻烙印；而新颖独特的表现形式，如沉浸式体验、交互式设计等，则能够有效吸引受众眼球，提升信息传播的到达率和转化率。旅游品牌只有与专业的广告公司密切合作，深入洞察消费者心理，不断推陈出新，方能在传播过程中脱颖而出、赢得青睐。

第二节　口碑传播与社交媒体营销

一、口碑传播的重要性

(一) 消费者信任与决策影响

口碑传播在消费者决策过程中发挥着至关重要的作用。相较于商业广告等形式，口碑传播所传递的信息往往被认为更加可信和真实。当消费者面临购买决策时，来自亲朋好友、同事、网络评论等渠道的口碑信息，常常成为其最为倚重的参考依据。这种现象的背后，既有心理因素的影响，也有社会互动的作用。

从心理学角度来看，消费者更倾向于相信那些与自己相似、值得信赖的人所传递的信息。这种信任源自人们对“参照群体”的认同感和归属感。当消费者从朋友、家人等“可信度高”的群体中获得某一产品或服务的正面评价时，便很容易产生“如果他们都认可，那一定不会错”的从众心理，从而作出顺从性的购买决定。相反，如果参照群体传递的是负面口碑，消费者则更有可能对该产品敬而远之。可见，口碑传播对消费者心理和决策的影响是潜移默化且根深蒂固的。

社会互动理论则从另一个侧面解释了口碑传播的影响力。在日常生活中，人们往往通过与他人分享经验、交流看法来加深彼此的联系，建立起社会支持网络。当谈论到消费体验时，人们自然而然地会向身边的人推荐自己喜欢的产品，或吐槽令自己不满意的服务。在这个过程中，信息的接收者不仅获得了有价值的参考意见，也感受到了传播者的友善和关切。这种人际互动所产生的情感因素，会进一步增强口碑传播对消费决策的影响。

从“消费决策五阶段模型”的角度来看，口碑传播贯穿于整个购买决策过程。在需求识别阶段，来自他人的消费分享可能激发潜在需求；在信息搜寻阶段，许多人会主动向亲友、网络评论等渠道求助口碑信息；在方案评估阶段，积极正面的口碑无疑是“加分项”，而负面评价则会打消购买欲望；在购买决策阶段，口碑信息的效用进一步放大，成为压倒性的影响因素；即便是在购后评估阶段，他人的使用体验也会对消费者的满意度和忠诚度产生潜在影响。

（二）品牌忠诚度与影响力拓展

积极的口碑传播对于建立旅游品牌的长期客户关系和拓展品牌影响力具有重要作用。通过游客的积极评价和推荐，旅游品牌能够吸引更多潜在消费者的关注，赢得市场的信任与认可。这一过程不仅有助于维系现有客户，更能带来源源不断的新客户，使品牌影响力得以持续拓展。

从长期客户关系的角度来看，积极口碑传播意味着游客对旅游品牌的高度认可和忠诚度。当游客对旅游体验感到满意并主动向他人推荐时，就意味着品牌已经赢得了他们的信任。这种基于口碑的信任远比商业广告更加可靠和持久，它源自游客真实的体验感受。积极的口碑传播能够增强客户黏性，促使游客形成重复购买的行为模式。许多研究表明，客户保持率与企业利润有着密切关系。维系一个老客户的成本远低于开发一个新客户，而积极的口碑传播恰恰是维系客户关系的有效途径。当游客对旅游品牌产生忠诚度并乐于分享体验时，就意味着企业已经建立起稳固的客户基础。

随着时间的推移，这些忠诚的客户不仅会为企业带来持续的收益，还会以口碑传播者的角色吸引更多新客户，形成良性循环。从品牌影响力拓展的角度来看，积极的口碑传播是一种高效且低成本的营销方式。在社交媒体高度发达的今天，游客的评价和分享能够瞬间传播给成千上万的潜在消费者。这种裂变式的传播效应远非传统营销手段可比。通过游客自发的内容创造和分享，旅游品牌能够触达更广泛的受众群体。一篇真实的游记、一张美好的照片、一段难忘的视频，都可能成为吸引潜在游客的利器。

在互联网时代，积极的口碑传播已经成为影响消费决策的重要因素。调查显示，越来越多的游客在出行前会参考其他游客的评价和反馈。那些获得积极口碑的旅游品牌，往往更容易被潜在游客所关注和选择。可以说，良好的网络口碑已经成为旅游品牌影响力的重要组成部分，直接关系到品牌的市场竞争力。事实上，许多知名旅游品牌的成功都离不开积极口碑传播的助力。它们通过为游客提供卓越的产品和服务，赢得了游客的认可和推荐，并在口碑的助推下不断开拓市场，提升品牌影响力。

二、口碑传播的策略与计划

（一）口碑传播内容的精准定位

口碑传播内容的精准定位是旅游品牌口碑营销的关键环节。旅游企业要想有效利用口碑传播提升品牌影响力，就必须深入洞察目标受众的需求偏好，精心设计与其产生共鸣的信息内容，并选择恰当的传播渠道，实现信息的精准触达和快速扩散。

旅游产品的体验性和情感性决定了旅游口碑内容的独特性。与一般商品不同，旅游产品往往承载着游客的美好回忆和情感寄托，口碑内容也因此富含主观感受和情绪表达。旅游企业在设计口碑传播内容时，要善于捕捉游客的真实体验和情感诉求，通过生动的故事和鲜活的细节，唤起潜在消费者的共鸣。比如，一篇来自游客的真实游记，描绘了在目的地与当地人的温馨互动，传递出人文关怀和跨文化交流的正能量，就可能成为广泛传播的优质口碑内容。

旅游口碑传播内容还应体现出鲜明的品牌个性和差异化优势。在信息爆炸的时代，能够脱颖而出的口碑内容往往具有独特的视角和价值主张。旅游企业要立足自身定位，深入挖掘能够彰显品牌特色的内容元素，并以创新的方式呈现，吸引目标受众的注意力。比如，一家主打生态旅游的度假村，可以围绕“人与自然和谐共生”的理念，生成强调环保、可持续发展的口碑内容，传递品牌的生态价值观。

口碑内容的生成还需要考虑传播渠道的特点和受众的媒介使用习惯。不同的社交媒体平台在内容呈现形式、互动方式等方面各有千秋，旅游企业要因地制宜，为不同平台量身定制口碑内容。比如，在以图片为主的社交平台上，旅游企业可以发布美轮美奂的景点照片，配以简洁有力的文字说明，吸引年轻用户的关注；而在偏重文字内容的微信公众号上，则可以发布深度游记、旅游攻略等形式多样的文章，满足用户的阅读需求。

优质口碑内容的持续产出离不开用户的积极参与。旅游企业要构建起与用户互动、共创的机制，鼓励游客分享真实的旅游体验和感悟。一方面，企业可以举办丰富多彩的线上线下活动，如旅游摄影大赛、游记征文等，激发用户参与的热情；另一方面，企业还可以搭建旅游社区、游记平台等，为用户交流互动提供便利，挖掘更多有价值的口碑内容。

系统规划、动态调整的传播策略也是保证口碑内容精准触达的有力支撑。口碑传播的效果会受到诸多因素的影响，如竞争对手的行为、社会热点事件等，因此旅游企业必须密切关注市场动态和舆情走向，及时调整传播策略。比如，在旅游旺季到来前，企业可以有计划地加大口碑内容的投放力度，抢占消费者心智；而当出现负面舆情时，企业则需要迅速反应，通过澄清事实、化解疑虑等方式，遏制负面口碑的进一步扩散。

（二）结合目标市场设计口碑传播内容

有效的口碑传播计划必须以目标市场为基础，根据不同细分市场的特征量身定制。旅游企业首先需要对目标市场进行全面、深入的研究和分析，准确把握各细分市场的人口统计特征、消费心理、出游偏好等关键要素。只有在对目标受众有了清晰、透彻的认识之后，才能设计出契合其需求、引起其共鸣的口碑传播内容。

以年轻人市场为例，这一群体追求个性化、差异化的旅游体验，热衷于在社交媒体上分享和互动。因此，针对这一市场设计的口碑传播计划，应着重突出旅游产品的新奇性、互动性和社交属性，鼓励他们在抖音、小红书等平台上创作和传播旅游体验的短视频、图文等内容。同时，还可以邀请具有影响力的旅游博主、网红参与内容创作，借助其粉丝效应扩大传播范围。

而对于中老年市场而言，他们更看重旅游产品的舒适性、安全性和性价比，习惯通过面对面交流、微信朋友圈等渠道获取和分享信息。因此，针对这一市场的口碑传播计划，应侧重于服务质量的塑造，通过优质的产品体验激发游客的口碑传播动力。同时，还可以在微信公众号中设置游客反馈和评价专区，鼓励他们分享真实的旅游感受，以点带面促进口碑的形成和扩散。

除了针对性的内容设计，有效的口碑传播计划还需要精准的渠道投放。企业应根据各细分市场的媒介接触习惯，选择恰当的传播平台和载体。比如，针对追求时尚的都市白领，可以重点利用微博、小红书等社交媒体平台；而对于线下社交活跃的中老年群体，则可以通过社区宣传、老年大学等渠道加强口碑传播。只有实现内容和渠道的精准匹配，才能最大限度地提升口碑传播的效率和效果。

口碑传播的激励机制也应根据不同市场特点进行差异化设计。对于追求个性体验的年轻群体，可以通过积分、优惠券等形式鼓励其创作和分享优质内容；而对于注重实惠的中老年群体，则可以提供更多的增值服务和优惠折扣，提高其口碑传播的积极性。激励方式的针对性和吸引力，是口碑传播计划成败的关键因素之一。

三、利用社交媒体平台进行口碑传播

（一）社交媒体平台的选择与利用

社交媒体平台已成为当代旅游品牌建设和口碑传播的重要阵地。随着移动互联网的迅猛发展，微信、微博、抖音等社交媒体平台逐渐成为人们获取信息、分享体验的主要渠道。旅游企业如何在纷繁复杂的社交媒体平台中选择最佳的传播阵地，并制定行之有效的营销策略，已成为旅游品牌建设中亟待解决的现实问题。

不同社交媒体平台在用户属性、传播特点、互动方式等方面存在显著差异。以微信为例，其用户以中青年为主，注重社交关系的维系和信息的私密分享。微信公众号能够通过高质量的原创内容吸引用户关注，并借助朋友圈、微信群等社交网络实现精准传播。而短视频平台抖音则以年轻群体为主，用户喜欢追逐热点、分享生活，视觉化、娱乐化的内容更受欢迎。旅游企业在抖音上可以发布 15 秒到 1 分钟的短视频，展示旅游目的地的美景和特色体验，吸引用户的关注和互动。

旅游企业在选择社交媒体平台时，需要综合考虑自身的品牌定位、目标受众、传播预算等因素。对于定位高端、注重品牌形象的旅游企业而言，微信公众号无疑是最佳选择。而对于主打年轻市场、突出性价比的旅游产品，抖音等短视频平台则更具优势。同时，旅游企业还需要深入分析各平台的传播特点，因地制宜地开发内容。在微博上，旅游企业可以通过话题互动、名人效应增强传播力；在小红书等社区里，更需要通过优质的旅行攻略和真实的游客评价建立口碑。

社交媒体营销的关键是创意策划和用户运营。旅游企业需要洞察用户需求，策划有吸引力的传播话题和互动活动。例如，携程曾在微博上发起“旅行新花样”话题征集，鼓励用户分享旅行中的趣味瞬间，引发广泛参与和传播。同时，旅游企业还需要重视社群运营，通过持续、高质量的内容输出，与用户保持密切互动，提升粉丝的忠诚度和活跃度。无论是组织线上问答，还是策划线下同城会，都有助于强化用户黏性，引导口碑传播。

（二）社交媒体内容生成与互动策略

社交媒体已经成为旅游品牌口碑传播的重要阵地。旅游企业要想在激烈的市场竞争中脱颖而出，必须精心设计社交媒体内容，积极开展互动，以增强品牌影响力，促进正面口碑的形成和传播。

内容生成是社交媒体营销的核心环节。旅游企业应根据目标受众的特点，有针对性地创作吸引人、有价值的内容。一方面，内容要紧扣旅游产品和服务的卖点，突出品牌个性和优势，激发潜在消费者的兴趣和购买欲望。例如，可以通过图文、视频等形式生动展示旅游目的地的风景名胜、人文历史、美食特产等，让受众身临其境地感受旅游体验的魅力。另一方面，内容还应关注受众的痛点和需求，提供实用的旅游攻略、贴心的出行提示等，彰显品牌的专业性和服务意识。与此同时，企业要注重内容的原创性和多样性，避免雷同和重复，持续产出优质内容，以建立品牌在消费者心中的独特形象。

互动是提升社交媒体传播效果的有效手段。旅游企业要主动与粉丝沟通，鼓励他们参与讨论、分享见解，增强黏性和忠诚度。例如，可以定期举办有奖问答、话题讨论等互动活动，调动粉丝的积极性；及时回复粉丝的评论和私信，传递品牌的温度和关怀。不仅如此，企业还应利用大数据分析工具，深入洞察粉丝的兴趣爱好、行为习惯，实现精准互动。通过个性化的内容推送和互动，提升传播的针对性和转化率。

社交媒体营销要坚持长期主义，久久为功。口碑的形成和传播是一个循序渐进的过程，并非一蹴而就。旅游企业要制订周密的传播计划，合理把控节奏和频率，避免盲目跟风和过度营销。在日常运营中，要密切关注传播数据，及时调整策略，不断优化内容质量和互动体验。同时，面对负面评价和危机事件，企业要积极应对，通过真诚沟通化解矛盾，力求将负面影响降到最低。唯有如此，才能在动荡的舆论环境中稳步前行，赢得消费者的信任和支持。

第三节　品牌传播活动的策划与执行

一、品牌传播活动的策划原则

（一）品牌传播活动的目标明确性

旅游品牌传播活动的成功与否，很大程度上取决于活动目标的明确性。明确的传播目标是活动策划与执行的指南针，为整个活动提供了方向和重点。没有明确的目标，传播活动就会失去焦点，难以实现预期效果。因此，在旅游品牌传播活动策划之初，就必须明确活动的核心目标，并围绕这一目标展开各项工作。

传播目标的设定需要考虑多方面因素。首先，要深入分析旅游品牌的定位和特色，明确品牌传播的核心诉求。不同的旅游品牌有着不同的个性和卖点，传播活动必须紧扣这些特点，才能真正触达目标受众。其次，要研究目标受众的特点和需求，设定符合其兴趣和偏好的传播目标。只有站在受众的角度思考，才能制定出引起共鸣、激发互动的传播方案。最后，要综合考虑传播渠道和资源条件，确保目标的可达性和可操作性。脱离实际的目标设定只会导致执行困难，甚至付诸东流。

明确的传播目标对于活动的策划与执行具有重要的指导意义。它为活动主题的确定提供了方向，帮助策划者聚焦核心诉求，提炼关键信息。同时，明确的目标也为传播内容的设计和表现形式的选择提供了依据，确保内容与目标相匹配、与受众相契合。在活动执行过程中，传播目标还可以作为衡量标准，随时检视活动进展，及时调整策略。通过对比活动实际效果与预期目标，可以发现问题所在，优化传播方案。

旅游品牌传播活动的目标设定还应具有前瞻性和创新性。在研究市场趋势和竞争态势的基础上，旅游品牌需要设定具有前瞻性的传播目标，引领行业风向，占据传播制高点。同时，创新性的目标设定有助于品牌脱颖而出，在传播过程中博得更多关注。当然，前瞻性和创新性并非脱离实际，而是需要建立在对品牌、受众、市场的深刻洞察之上。

（二）品牌传播活动的受众针对性

旅游品牌传播活动的成功离不开对目标受众的精准定位和深入洞察。只有紧密结合目标受众的特点、需求和偏好，才能制订出有的放矢、引人入胜的活动策划方案。这就要求活动策划者深入研究目标受众，全面了解其人口统计特征、心理特点、消费行为等，在此基础上确定传播主题、设计传播内容、选择传播渠道。

从人口统计角度看，不同年龄、性别、收入、教育程度的受众对旅游品牌的认知和偏好存在明显差异。例如，年轻群体可能更偏好富有挑战性和新奇感的旅游产品，而中老年群体则更看重舒适性、安全性和优质服务。因此，在进行活动策划时，要充分考虑目标受众的人口特征，有针对性地设计传播内容和形式。

从心理特点角度看，理解受众的动机、态度、信念等心理因素，是进行有效传播的关键。例如，追求自我实现的受众可能更容易被富有意义和挑战的旅游项目所吸引，而注重休闲放松的受众则可能偏好舒缓惬意的度假产品。洞察受众的心理需求，才能在传播中准确触达其内心，引发情感共鸣。

从消费行为角度看，受众在选择旅游产品时所考虑的因素、偏好的信息渠道、习惯的出游方式等，都应成为活动策划的重要依据。例如，偏好在线预订的受众，可以通过网络平台、社交媒体等渠道进行精准触达；偏好亲朋好友推荐的受众，则可以借助口碑营销、社交裂变等方式扩大传播效果。

在进行受众洞察时，还要注意挖掘受众细分，发现潜在的利基市场。旅游品牌传播不应满足于抓住主流受众，更要努力开拓新的受众群体，发掘市场增量。这就要求在把握整体受众特点的同时，细分出不同的子群体，针对其独特偏好量身定制传播方案。

（三）品牌传播活动的内容创意性

旅游品牌传播活动的创意内容设计是决定活动成败的关键因素之一。与传统的说教式、灌输式传播方式不同，创新性与独特性是新时代旅游品牌传播活动的核心追求。只有把握时代脉搏，以创意为翼，才能让品牌传播活动在纷繁复杂的信息环境中脱颖而出，吸引目标受众的注意力，激发其参与热情。

创意内容设计应立足旅游品牌的独特卖点和价值主张，挖掘蕴含其中的文化内涵和情感诉求。例如，某地以“慢生活”为旅游品牌定位，其传播活动就可围绕“慢”这一关键词展开创意，设计诸如“慢游”体验之旅、“慢食”美食节等主题活动，引导游客放慢脚步，体味当地悠闲宁静的生活方式。这种创意不仅彰显了目的地的特色，也与现代人追求生活品质、放松身心的需求契合，更容易引起共鸣。

创意内容设计还要注重互动性和参与感，充分调动受众的主动性。单向的信息传递难以在新媒体时代产生持久影响力，只有让受众成为活动的参与者、体验者，才能真正触动其内心。借助现代科技手段，旅游品牌传播活动可以设计沉浸式的虚拟体验项目，让游客身临其境地感受目的地的魅力；也可以发起线上线下联动的互动游戏，鼓励游客参与打卡、分享，扩大活动的影响力。

创意内容设计需要与传播渠道和受众特点相匹配。不同的传播渠道有其独特的传播规律和用户习惯，对内容呈现方式也有不同要求。同样，不同年龄、职业、兴趣的目标受众对创意内容的接受度和喜好也各不相同。因此，创意策划必须在充分研究的基础上，因地制宜、因人而异，方能收获最佳传播效果。

创新独特的内容是旅游品牌传播活动的灵魂所在。它赋予活动鲜明的个性和识别度，能够深入人心，在受众中形成持续的话题性和影响力。可以说，没有优秀的创意，再多的资源投入也难以为品牌传播注入久久回味的影响力。反之，一个富有创造力的传播活动，即便在有限的投入下，也能凭借独特的创意赢得受众的青睐，在激烈的市场竞争中占据一席之地。

二、品牌传播活动主题的确定

（一）品牌价值与主题的关联性

旅游品牌传播活动的主题选择应与品牌价值紧密相连，通过独特而鲜明的主题传递品牌理念，增强品牌认知。主题是活动策划的灵魂，它决定了活动的基调和风格，影响着受众的情感体验和品牌联想。一个成功的传播主题能够引发共鸣，唤起记忆，使品牌形象深入人心。

品牌价值是旅游企业的核心竞争力，它凝聚了企业的经营理念、文化内涵和独特优势。将品牌价值与传播主题巧妙融合，能够实现品牌形象与活动内容的高度统一，使品牌个性鲜明突出。例如，以“探索自然之美”为品牌理念的旅行社，可以将“发现世界的另一种方式”作为传播主题，号召人们走出舒适圈，用心感受大自然的神奇与美好。这一主题契合了品牌的核心诉求，将人们对美好生活的向往与品牌特质完美链接，突出了旅行带来的独特体验和精神享受。

传播主题的确定还需考虑与目标受众的契合度。不同年龄、职业和生活方式的受众对旅游有着不同的期待和需求。以目标受众为中心，洞察其痛点和诉求，才能设计出引起共鸣的活动主题。例如，针对追求个性化体验的年轻群体，可以围绕“玩出你的色彩”这一主题开展丰富多元的旅行，满足他们对新奇、刺激、有挑战性旅程的渴望。而面向注重舒适度假的中老年群体，“心之所向，诗和远方”这样的主题则更能引发情感共鸣，传递旅行带来的身心放松和诗意栖居。

紧跟时代热点，把握市场动向也是主题选择的重要考量。在特殊节点或社会事件下，巧妙嫁接传播主题，可以引发广泛关注，提升活动影响力。“世界那么大，一起去看看”曾经在大学生群体中引发热议，成为当下旅游市场的流行语。它抓住了年轻人渴望突破、勇于探索的心理特点，激发了他们对未知世界的好奇心，成为打动人心的传播主题。

（二）品牌传播活动主题的市场适应性

在信息时代背景下，旅游者对于个性化、高品质的旅游体验需求日益增长，传统的“一刀切”式的旅游产品和服务已经难以满足消费者的期待。因此，旅游品牌传播活动的主题选择必须立足市场，洞察消费趋势，方能真正引起目标受众的共鸣。

具体而言，旅游品牌传播活动主题的市场适应性体现在对热点话题的敏锐捕捉和创新利用上。当下，短视频、直播等新媒体形式风靡一时，深刻影响着人们的信息获取方式和消费决策。旅游品牌不应故步自封，而应积极拥抱这些新兴传播渠道，以贴近生活、互动有趣的方式塑造品牌形象。比如，携程推出的“旅行中的艺术”主题活动，邀请知名艺术家在景区现场创作，通过短视频平台全程直播，吸引了众多年轻用户的关注。这一案例充分说明，紧跟热点、把握时机，能够极大提升传播活动的影响力和号召力。

旅游品牌传播活动主题要契合细分市场，满足不同消费群体的个性化需求。随着旅游市场的不断细分，亲子游、研学游、康养游等特色旅游产品日益丰富。旅游品牌要根据自身定位和资源禀赋，聚焦特定细分市场，设计出契合其需求特点的传播主题。以亲子游市场为例，主题可以围绕“增进亲子关系”“激发创造力”等来展开，强调旅游过程中的互动体验和教育价值，从而吸引注重家庭关系、孩子成长的目标客群。

旅游品牌传播活动主题的设计还应顺应可持续发展理念，彰显品牌的社会责任感。当代消费者，尤其是年青一代，更加注重品牌背后的价值观和社会影响力。环保、公益等议题已经成为衡量品牌形象的重要维度。因此，旅游品牌在设计传播主题时，不妨将目光投向生态环境保护、文化遗产传承等可持续发展领域，展现品牌在履行社会责任方面的努力。比如，世界自然基金会（WWF）与可口可乐合作推出的“北极之家”主题活动，通过 VR 技术让公众身临其境地体验气候变化对北极生态的影响，呼吁大家关注并采取行动应对气候危机。

三、品牌传播活动资源的整合

（一）跨部门协作机制的建立

跨部门协作是旅游品牌传播活动成功实施的重要保障。旅游品牌传播涉及市场营销、公关宣传、产品设计等多个部门，需要打破部门壁垒，建立高效的协作机制。只有各部门密切配合、信息共享、资源整合，才能形成传播合力，实现品牌传播效果的最大化。具体而言，建立跨部门协作机制需要从以下几个方面入手。

树立“大传播”理念，提高各部门对品牌传播重要性的认识。品牌传播不是某个部门的“独角戏”，而是需要各部门通力合作的系统工程。领导层要亲自挂帅，将品牌传播提升到战略高度，并为跨部门协作提供必要的资源支持和制度保障。

明确各部门在品牌传播中的职责分工和协作流程。市场营销部门负责制定整体传播策略，把握传播节奏；公关宣传部门负责媒体关系维护；产品设计部门负责创意策划，提供优质的传播内容；客户服务部门负责收集用户反馈，优化传播方案。各部门要明确自身定位，又要主动沟通，形成无缝衔接、高效运转的传播链条。

建立完善的跨部门沟通协调机制。定期召开品牌传播协调会，各部门通报工作进展，研究存在问题，达成共识，形成决议。同时，充分利用信息化手段，如建立统一的项目管理平台，实现各部门信息共享和实时互动。必要时，还可成立专门的品牌传播项目组，打破部门界限，实现人员和资源的灵活调配。

加强跨部门人员的交流与培训也十分必要。通过轮岗、借调等方式，让不同部门人员相互了解，学习彼此的专业知识和工作方法。定期开展品牌传播专题培训，邀请业内专家授课，提升全员的品牌意识和传播技能。鼓励跨部门人员开展头脑风暴、案例研讨等活动，激发创意火花，创造传播亮点。

建立科学的考核评估体系，将品牌传播效果纳入各部门的绩效考核范畴。制定合理的关键绩效指标（KPI），如媒体传播量、用户认知度、转化达成率等，引导各部门将品牌传播作为工作的重中之重。对表现突出的部门和个人给予奖励，并在全公司范围内宣传，树立标杆，营造比学赶超的良性氛围。

(二) 旅游品牌传播活动的资金与资源配置

旅游品牌传播活动的成功实施离不开充足的资金与资源保障。在市场竞争日趋激烈的背景下，品牌传播预算往往捉襟见肘，如何在有限的投入中实现传播效果的最大化，是摆在每一位品牌管理者面前的重大课题。合理调配传播活动所需的资金与资源，不仅关乎活动能否顺利进行，更直接影响着品牌价值能否得到有效传递和塑造。

科学的资金配置是保证传播活动质量的基础。在编制活动预算时，要综合考虑传播目标、受众特点、媒介属性等因素，将有限的资金用在刀刃上。对于关键的传播环节，如创意策划、内容制作等，应投入较多资金，以保证传播内容的吸引力和感染力。而在执行层面，则要通过比价、议价等方式，在确保效果的同时最大限度地节约成本。通过对资金的统筹协调，既要保障重点投入，又要兼顾全局平衡，做到物尽其用，避免浪费。

人力资源的优化配置也是提升传播效率的关键。品牌传播是一项系统工程，涉及策划、创意、设计、文案、执行等多个环节，对团队成员的专业能力和协作水平提出了较高要求。品牌管理者要根据活动需求，科学选拔和调配内部人员，充分发挥各自的专长和特点。对于缺乏的关键人才，可以通过外部招募或与专业机构合作的方式予以补充。同时，还要加强团队的沟通协调，明确分工、理顺流程，形成执行合力，以高效完成传播任务。

传播渠道资源的整合利用也至关重要。在新媒体时代，旅游品牌传播呈现出多元化、碎片化的特点，仅依靠单一渠道难以实现预期效果。品牌管理者要系统梳理各类媒体资源，包括官方网站、自媒体平台、社交媒体、垂直媒体等，根据其特点和优势，进行针对性的内容投放。尤其要重视新媒体渠道的运用，利用其互动性、即时性的特点，与受众展开积极互动，提升传播的参与度和转化率。同时，还要注重线上线下的有机结合，通过活动、体验等方式，增强受众的品牌体验和认同。

外部合作伙伴资源的嫁接利用也不容忽视。品牌传播不是闭门造车，离不开外部力量的助推。品牌管理者要积极拓展合作伙伴，包括业内组织、媒体平台、意见领袖等，借助其资源优势和影响力，扩大传播的覆盖面和公信力。可以通过联合主题活动、内容合作等方式，实现优势互补、互利共赢。尤其要重视与口碑领袖的合作，借助其个人魅力和传播能力，引导舆论风向，塑造品牌形象。

（三）利用外部合作伙伴资源

在旅游品牌传播活动中，整合利用外部合作伙伴资源对于扩大活动影响力和覆盖面具有重要意义。旅游品牌的塑造和推广是一项系统工程，仅仅依靠企业自身力量往往难以达到预期效果。通过与外部合作伙伴建立战略联盟，旅游企业能够借助合作方在渠道、资源、技术等方面的优势，实现优势互补，达到"1＋1＞2"的协同效应。

具体而言，旅游企业可以从以下几个方面考虑与外部合作伙伴开展资源整合。

渠道资源整合。旅游企业可以与在线旅行社（OTA）平台、旅行社、交通运输企业等建立合作关系，借助其成熟的销售渠道和客户基础，扩大品牌传播活动的受众范围。例如，携程、飞猪等 OTA 平台拥有庞大的用户群体，通过与其合作开展联合营销，旅游企业能够触达更多潜在消费者，提升品牌曝光度和美誉度。

内容资源整合。旅游企业可以与专业的内容制作机构、自媒体平台、网红达人等建立内容合作，共同开发高质量、多样化的传播内容。专业的内容制作机构能够提供更加精美、富有创意的视觉设计，自媒体平台和网红达人则能够贡献鲜活、个性化的体验分享，丰富传播活动的表现形式，提升内容的传播力和影响力。

场景资源整合。旅游企业可以与景区、酒店、餐饮、娱乐等合作伙伴联合打造沉浸式体验场景，通过线上线下联动，为消费者提供更加立体、多元的参与方式。例如，景区可以作为传播活动的重要载体，通过在景区内设置互动装置、打卡点等，引导游客参与、体验、传播，实现口碑裂变。

异业资源整合。旅游企业还可以跨界与其他行业的合作伙伴开展联合传播，实现资源共享、客群互通。比如，与手机品牌、汽车品牌、金融机构等开展跨界合作，既能够为传播活动引入更多资金和物料支持，又能借助合作伙伴的客户资源和渠道优势，触达更广泛的潜在受众群体。

在整合外部合作伙伴资源的过程中，旅游企业要树立"共创共享"的理念，建立互利共赢的合作机制。要尊重合作伙伴的利益诉求，发挥各自优势，明确权责边界，在共同推进传播活动的同时，实现合作各方的多元价值诉求。同时，旅游企业还要重视统筹协调和过程管控，建立跨部门、跨组织的沟通协调机制，及时解决合作过程中的问题和矛盾，确保传播活动的顺利开展。

四、品牌传播活动执行的流程

（一）品牌传播活动的筹备工作

旅游品牌传播活动策划与执行的成功，离不开前期的精心筹备。全面细致的筹备工作是保障活动顺利进行的前提和基础。筹备阶段需要考虑诸多因素，包括明确活动目标、确定目标受众、设计传播内容、整合传播渠道等，每一个环节都必须经过缜密的分析和论证。

明确活动目标是筹备工作的首要任务。旅游品牌传播活动的目标可以是提升品牌知名度、塑造品牌形象、促进销售转化等。不同的目标决定了活动的主题、形式和预期效果。因此，策划者需要与品牌管理层深入沟通，准确把握品牌发展阶段和市场定位，在此基础上设定科学、可行的活动目标。目标的明确性直接关系到后续筹备工作的针对性和有效性。

确定目标受众是筹备阶段的关键一环。旅游品牌的目标受众可能包括潜在游客、旅游行业从业者、媒体等不同群体。不同受众在地域分布、人口特征、媒介偏好等方面存在显著差异。因此，策划者需要运用市场细分的方法，甄别出对品牌传播最具价值的目标受众，并深入洞察其需求特点和行为习惯。只有做到受众画像精准，后续的传播内容和渠道选择才能实现精准触达，提升传播效率。

活动筹备阶段还需要精心设计传播内容。优质的内容是吸引受众关注、引发情感共鸣的关键。一方面，内容要紧扣活动主题，充分彰显品牌个性和价值主张。策划者需要从品牌DNA中提炼出最能打动人心的故事，并以创新的视角和生动的语言呈现出来。另一方面，内容还要契合目标受众的口味偏好。通过对受众偏好的大数据分析，策划者可以选择最能引起共鸣的素材，并运用恰当的风格语态进行包装，提升内容的感染力。

整合传播渠道也是筹备阶段不可忽视的重点。旅游品牌传播需要调动包括广告、公关、数字营销等在内的多种手段。不同渠道在覆盖面、影响力、互动性等方面各有优势。策划者需要综合考虑预算、目标受众等因素，优化资源配置，实现传播矩阵的协同效应。同时，还要预见可能出现的风险和突发状况，提前制订应对预案。渠道整合得当，才能扩大传播声量，触达更多潜在受众。

（二）品牌传播活动的实施与管理

旅游品牌传播活动在执行过程中，需要进行有效的监督管理，及时发现并解决活动中出现的问题，确保活动顺利、高质量地进行。监督管理贯穿于活动执行的全过程，是确保活动成功的重要保障。

建立完善的活动监督管理机制。明确监督管理的主体、内容、方式和流程，制定科学、可操作的监督管理办法。监督管理主体通常包括活动组织方、执行方以及第三方监督机构。监督内容涵盖活动方案执行情况、现场秩序、安全保障、服务质量等各个方面。监督方式可以采取现场检查、抽查、暗访、满意度调查等多种形式。

加强活动现场的动态管控。组建专门的现场管理团队，实时关注活动动态，及时协调处理突发情况。现场管理人员要严格按照活动方案开展工作，规范自身行为，为参与者提供优质服务。同时，要密切关注现场秩序和安全状况，一旦发现问题要快速响应、果断处置，避免问题扩大化。

重视活动执行的过程监控。利用现代信息技术手段，如大数据分析、实时监控系统等，对活动执行情况进行全方位、全过程的监测和跟踪。通过数据分析，掌握活动执行的进度、效果和参与者的反响，发现潜在风险和问题隐患，为决策优化提供依据。过程监控有助于动态优化资源配置，提高活动执行的精准度和有效性。

注重收集多方反馈，开展绩效评估。通过与参与者、合作方等利益相关方的沟通交流，全面了解活动执行情况，收集意见建议。开展活动绩效评估，科学评判活动效果，总结经验教训。绩效评估结果要及时反馈到活动策划和执行团队，不断改进和优化工作方案。

加强应急预案管理，提高风险应对能力。结合活动实际，制订完善的应急预案，明确应急管理组织架构、职责分工和处置流程。定期开展应急演练，提高快速反应和妥善处置突发事件的能力。建立风险监测和评估机制，及时发现和化解潜在风险，最大限度地降低风险损失。

第三章　旅游品牌体验与产品创新

第一节　品牌体验的概念与意义

一、品牌体验的定义与内涵

（一）定义

品牌体验是指消费者在与品牌接触的过程中形成的一系列主观感受和心理反应。它涵盖了消费者通过感官、情感、认知等多个维度对品牌的感知和评价。在旅游行业中，游客与旅游目的地品牌的互动更加直接和深入，因此打造卓越的旅游品牌体验对于旅游目的地的成功至关重要。

从感官维度来看，旅游品牌体验包括游客对目的地的视觉、听觉、嗅觉、味觉和触觉等感官感受。优秀的旅游目的地往往拥有独特的自然风光、人文景观、建筑风格等视觉元素，能给游客留下深刻印象。同时，当地特色的音乐、美食、手工艺品等也能通过听觉、味觉、触觉等多种感官渠道，增强游客的沉浸感和参与感。感官体验的丰富性和多样性，是塑造难忘旅游品牌体验的基础。

从情感维度来看，旅游品牌体验还包括游客在旅游过程中产生的各种情绪反应，如兴奋、惊喜、放松、感动等。一次成功的旅行能带给游客积极向上的情感体验，成为宝贵的精神财富。优秀的旅游目的地往往善于通过打造独特的旅游项目、提供人性化的服务、营造温馨的氛围等方式，调动游客的情感，让其产生愉悦、满足的心理感受。情感体验的积极性和强烈程度，是旅游品牌赢得游客青睐的关键。

从认知维度来看，旅游品牌体验还涉及游客对目的地的理性评价和感悟。游客在旅行中不仅能增长见识、开阔眼界，还能对当地的历史文化、风土人情有更加深入的理解和思考。一次高品质的旅行，能让游客在心灵上受到启迪，在思想上得到升华。优秀的旅游目的地往往注重内涵的挖掘和展示，通过丰富的解说、互动等方式，引导游客主动思考，激发其探索欲和求知欲。认知体验的深度和广度，是旅游品牌实现可持续发展的动力。

（二）内涵

品牌体验是一个多维度的概念，涵盖了消费者在接触品牌过程中产生的感官、情感、思维、行为和关联体验。在旅游业中，游客与目的地品牌的互动往往是多方位、多层次的，因此必须从多个维度来审视和把握旅游品牌体验的内涵。

感官体验是旅游品牌体验的基础。视觉、听觉、嗅觉、味觉、触觉等感官通道，是游客感知目的地品牌的首要途径。一个令人难忘的旅游地，往往能给游客留下鲜明的感官印象：独特的自然景观、别具一格的建筑风格、悦耳动听的音乐表演、令人垂涎的美食佳肴……这些感官元素交织在一起，构成了游客对目的地品牌的直观认知，成为旅游体验的基石。因此，旅游目的地应致力于打造富有感染力的感官印象，提供独特而愉悦的感官体验。

在感官体验的基础上，旅游品牌还应注重塑造游客的情感体验。一次成功的旅行，不仅能带来感官的愉悦，更能引发游客内心的情感共鸣。当游客置身于优美的自然环境中，体验到当地居民的热情好客，参与到振奋人心的文化活动中，内心往往会涌现出喜悦、感动、舒适、自由等积极情绪。这些情感体验能够拉近游客与目的地之间的距离，增强游客对品牌的好感度和依恋感。因此，旅游品牌需要精心设计富有感染力的体验情境，引导游客在旅行中产生积极向上的情感体验。

除了感性的感官和情感体验，旅游品牌还应重视游客的理性思维体验。一次有深度的旅行，往往能带给游客智慧的启迪和思想的冲击。当游客参观博物馆、历史遗迹，聆听文化讲座，欣赏艺术表演时，往往能引发对人类文明的思考，对自我价值的审视。这些深刻的思维体验能拓宽游客的认知视野，丰富其精神世界，也能增强游客对目的地文化内涵的认同感。因此，旅游品牌应关注游客的深层思维需求，提供富有思想性和启发性的文化产品，激发游客的理性思考。

行为体验也是旅游品牌体验的重要组成部分。旅游本质上是一种身心参与的过程，游客往往渴望在旅行中有所作为，体验新奇有趣的活动。当游客参与到海滩游戏、户外探险、手工制作等互动性强的项目中时，能从亲身实践中获得成就感和满足感。这些积极的行为体验能增强游客的参与感和主人翁意识，提升其对目的地的认同度。因此，旅游品牌需要设计丰富多彩的体验项目，鼓励游客主动参与，在身体力行中感受旅游的魅力。

二、品牌体验在旅游行业中的重要性

（一）品牌体验有塑造目的地形象的作用

在当今高度竞争的旅游市场中，目的地形象已成为吸引游客、提升竞争力的关键因素。而品牌体验则是构建目的地形象的重要途径，它通过为游客提供独特、难忘、愉悦的体验，深化游客对目的地的认知和情感联结，进而塑造起鲜明、积极的目的地形象。

从认知层面来看，品牌体验有助于加深游客对目的地特色的了解和记忆。每一个旅游目的地都有其独特的自然风光、人文景观、风土人情等要素，构成了目的地的核心吸引力。而品牌体验则通过精心设计的主题活动、互动项目、沉浸式场景等，将这些要素以生动、直观的方式呈现在游客面前，使其对目的地的特色印象更加深刻。比如，一些古城类旅游目的地会举办身着古装的互动表演，让游客身临其境地感受当地悠久的历史文化；而海岛类目的地则常常开展海上运动、沙滩派对等体验活动，让游客充分领略大海的魅力。这些生动有趣的体验不仅能满足游客的好奇心，更能使其对目的地风貌有更全面、更具象化的认知，加深目的地形象在游客心中的烙印。

从情感层面来看，品牌体验能够引发游客对目的地的情感共鸣，培育起积极向上的情感联结。旅游消费归根结底是一种情感消费，游客对目的地的情感认同往往比其功能属性更加重要。品牌体验通过在美景、美食、美宿等要素中融入人性化关怀和互动交流，能够引发游客的情感共鸣，唤起其对美好生活的向往。一些乡村旅游目的地通过采摘、农事等体验活动，让游客感受到返璞归真的淳朴与愉悦；民宿类体验则常以温馨的布置、贴心的服务打动游客的心，满足其对家的情感寄托。伴随着这些积极、愉悦的情感体验，游客与目的地之间建立起心灵的契合，这种情感纽带将转化为游客对目的地的喜爱和向往，成为目的地积极形象的重要来源。

从行为层面来看，品牌体验还能引导游客采取有利于目的地形象的行为。一次难忘的旅游体验不仅能满足游客当下的需求，更能激发其主动分享、推荐的愿望。游客在社交媒体上晒出漂亮的旅拍照片，他们在亲朋好友面前绘声绘色地讲述旅途见闻，他们心甘情愿地为目的地代言，这些行为无一不在潜移默化中影响着他人对目的地的印象，起到口碑传播的效果。一个积极向上、充满吸引力的目的地形象就在这种社会互动中被不断强化，吸引着更多游客慕名而来。可以说，品牌体验通过调动游客的参与和分享，将其转化为目的地形象传播的主体力量，实现了口碑效应和品牌形象的良性循环。

（二）品牌体验是提升产品吸引力的关键来源

品牌体验是旅游产品吸引力的关键来源，它深刻影响着游客的感知、偏好和选择。旅游产品作为一种高度体验型的消费品，其吸引力很大程度上取决于能否为游客提供独特、难忘、愉悦的品牌体验。当旅游者在旅行过程中获得了与品牌承诺相符合或超出预期的体验时，就会对该旅游品牌和产品产生强烈的认同感和归属感，进而提升其重游意愿和品牌忠诚度。因此，旅游企业要想打造具有持久吸引力的旅游产品，必须聚焦游客需求，精心设计和优化全方位的品牌体验。

具体而言，旅游品牌体验的塑造需要贯穿旅游产品开发和服务提供的全过程。在景区规划设计阶段，应充分考虑游客的感官体验，运用现代科技手段和艺术创意，营造沉浸式的旅游场景氛围。同时，景区内的游览线路、指示标识、休憩设施等也要体现以人为本的理念，最大限度地为游客提供舒适、便捷、有温度的空间体验。在旅游服务提供环节，旅游企业更应注重游客的情感和互动体验。通过个性化服务、文化演艺活动、主题活动等多种形式，让游客全身心投入，激发其参与热情，引发共鸣和感动。新西兰的马塔马塔霍比特村就是成功运用品牌体验提升产品吸引力的典范。依托《指环王》和《霍比特人》电影IP，景区还原了电影中霍比特人的田园生活场景，并提供角色扮演、手工制作等丰富的互动体验项目。游客可以全情投入地感受电影的魅力，与心爱的角色产生情感链接，获得身临其境的沉浸感受。正是凭借着独特而震撼的品牌体验，马塔马塔霍比特村成为新西兰标志性的旅游胜地，年游客接待量超过50万人次。

旅游品牌体验的塑造还应立足游客的个性化需求，提供差异化、定制化的体验内容。随着旅游消费升级和细分市场不断涌现，游客对品质化、特色化的旅游体验有了更高期待。千篇一律的景点打卡和走马观花式的游览已无法满足游客日益多元化的体验诉求。因此，旅游企业要深入洞察不同客群的喜好特点，因地制宜地开发富有吸引力的特色体验项目。比如，针对亲子游客群体，可以开发寓教于乐的研学产品，设置亲子互动游戏，满足家长和孩子共同成长的需求；针对都市白领群体，可以开发养生度假产品，提供静心冥想、森林瑜伽等健康养生项目，满足他们放松身心、回归自然的渴望。只有精准把握游客需求，用心雕琢极致化的旅游体验，才能真正抓住游客的心，提升旅游产品的核心竞争力。

三、品牌体验对旅游品牌忠诚度的影响

（一）品牌体验与忠诚度构建的关系

卓越的品牌体验能够深刻影响消费者的情感、认知和行为，进而塑造其对品牌的忠诚度。在旅游业中，游客对目的地品牌的忠诚很大程度上源于其在旅游过程中获得的美好体验。当游客在感官、情感、思维、行为等多个维度上都得到满足和愉悦时，他们更倾向于对该旅游目的地产生强烈的情感依恋和重游意愿。

具体而言，旅游目的地品牌体验对游客忠诚度的影响主要体现在以下几个方面。首先，优质的旅游体验能够唤起游客积极向上的情感共鸣，如兴奋、喜悦、放松等，从而建立起游客与目的地之间的情感联结。这种情感联结会促使游客在未来的出游决策中优先考虑该目的地，甚至主动向亲朋好友推荐。其次，令人难忘的旅游体验有助于加深游客对目的地品牌个性和内涵的认知。当游客切身感受到目的地的独特魅力，领略到其文化底蕴时，他们对品牌的理解和认同感会大大提升。这种基于体验的品牌认知往往比单纯的宣传更加牢固和持久。最后，愉悦的旅游体验能够引导游客采取有利于目的地发展的行为，如增加在目的地的停留时间和消费金额、参与目的地的特色活动、分享美好的旅游回忆等。这些行为不仅能够直接带来经济效益，更能通过游客的口碑传播吸引更多潜在的游客，实现品牌美誉度和忠诚度的良性循环。

旅游目的地品牌体验对游客忠诚度的影响是一个长期动态的过程，并非一蹴而就。单次的优质体验固然重要，但更为关键的是在游客旅游的全过程中持续创造美好的体验。这就要求旅游目的地在吃、住、行、游、购、娱等各个环节精益求精，为游客提供个性化、人性化的优质服务。同时，旅游目的地还应注重线上线下体验的无缝衔接，利用大数据、云计算、人工智能等新技术不断优化游客的智慧旅游体验。只有在全域旅游、全时段、全方位塑造卓越的品牌体验，才能真正赢得游客的长期忠诚。

构建完善的游客忠诚度管理体系也是提升品牌体验效应的重要举措。旅游目的地应建立游客大数据库，记录和分析游客的旅游偏好、消费行为、满意度评价等信息，进而开展精准营销和个性化服务。对于忠诚度较高的游客，可以提供专属折扣、定制行程、优先预订等尊享服务，巩固其品牌忠诚；对于忠诚度较低的游客，则应主动沟通，了解其不满意的原因，并积极改进，力争实现品牌忠诚的正向转化。

（二）创设品牌体验是提高忠诚度的策略

在激烈的市场竞争环境下，企业要想实现可持续发展，就必须不断提高顾客对品牌的忠诚度。而品牌体验则是影响消费者忠诚度的关键因素之一。优质的品牌体验不仅能够提升顾客满意度，更能引导顾客形成对品牌的情感依恋和认同，从而达到培育忠诚顾客群体的目的。

旅游业作为体验经济的典型代表，更需要重视品牌体验对顾客忠诚度的塑造作用。游客在旅游过程中获得的美好体验，会直接影响其对目的地品牌的评价和未来重游意愿。因此，旅游企业必须精心设计各个环节的服务流程，为游客创设独特、难忘的品牌体验，方能赢得游客的青睐和信赖。

具体而言，旅游企业可以从感官、情感、思维、行为、关联等多个维度着手，全方位提升游客的品牌体验。在感官层面，要注重旅游产品的美学设计，通过视觉、听觉、嗅觉、味觉、触觉等多重感官刺激，营造舒适愉悦的旅游氛围。如主题乐园可以利用高科技手段打造梦幻的视听盛宴，让游客沉浸于奇妙的想象世界中。

在情感层面，旅游企业要善于捕捉和满足游客的情感需求，通过贴心周到的服务唤起游客的归属感和被尊重感，让其感受到宾至如归的温暖。同时，也要引导游客产生积极向上的情绪体验，如成就感、自豪感等，增加其对品牌的好感。迪士尼乐园就非常注重人性化服务，工作人员时刻保持微笑，主动帮助游客解决问题，让每位游客都能感受到快乐和温情。

在思维层面，旅游企业要激发游客的好奇心和探索欲，鼓励其主动思考和互动，从而获得新奇有趣的智力体验。例如，博物馆可以设置寻宝问答游戏，引导游客在参观过程中思考和探究，加深对展品内涵的理解。古村落可以开发非遗手工课程，让游客在动手实践中感悟传统技艺的智慧。

在行为层面，旅游企业要为游客提供丰富多元的参与机会，满足其体验身心愉悦的需求。可以开发与目的地特色相契合的主题活动，如海滨度假区的沙滩排球赛、山地景区的定向越野赛等，激发游客的运动热情和挑战欲望。民俗体验区可以让游客参与传统农事活动，如插秧、打谷等，引导其在劳作中感悟生活的本真。

在关联层面，旅游企业要注重品牌文化的塑造和传播，通过讲好品牌故事，凝聚游客的情感共鸣，培养其对品牌的认同感和归属感。要充分利用社交媒体平台，鼓励游客分享旅游体验，展示美好回忆，借助游客的口碑传播提升品牌美誉度。同时，也要整合线上线下资源，构建旅游品牌社群，为志同道合的游客搭建交流互动的平台，增强其对品牌的黏性。

四、品牌体验对旅游企业竞争力的影响

（一）品牌体验对塑造竞争优势的作用

品牌体验是旅游企业塑造独特竞争优势的关键要素。在日益激烈的市场竞争环境下，旅游企业要想脱颖而出，必须通过卓越的品牌体验来赢得消费者的青睐。品牌体验是一个多维度的概念，涵盖了消费者在接触品牌的各个触点时所产生的感官、情感、认知和行为反应。对于旅游企业而言，营造难忘的品牌体验不仅能够提升顾客满意度和忠诚度，更能够为企业带来可持续的竞争优势。

从感官体验的角度看，旅游企业可以通过精心设计的视觉符号、独特的声音标识、舒适的触感体验等，在顾客脑海中留下深刻印象。例如，迪士尼乐园的米奇造型、欢快的背景音乐以及园区内各种精巧的互动设施，都能够带给游客独特的感官享受。这种感官体验不仅能够吸引游客驻足，更能激发其对品牌的好感和向往。

从情感体验的角度看，旅游企业要善于捕捉和满足顾客的情感需求。人们选择旅游，往往是为了放松身心、寻求刺激、享受美好时光。因此，旅游企业要通过营造贴心周到的服务、温馨舒适的环境，让顾客感受到宾至如归的温暖和快乐。同时，旅游企业还可以通过讲述动人的品牌故事，唤起顾客的情感共鸣，拉近与顾客之间的心理距离。

从认知体验的角度看，旅游企业要注重塑造品牌的专业形象，提供丰富多彩的文化内涵。现代游客不再满足于单纯的观光游览，而是希望通过旅游获得新知和启迪。因此，旅游企业要善于发掘和展示目的地的历史人文底蕴，开发具有教育意义的主题活动，满足游客追求知识的需求。同时，高质量的讲解服务、系统

全面的旅游信息，都能够提升游客对品牌专业度的认知，增强其信任感。

从行为体验的角度看，旅游企业要鼓励顾客积极互动、参与其中，通过亲身实践获得难忘的体验。例如，主题乐园可以设计寓教于乐的游戏项目，让游客在娱乐中学习新技能；生态旅游景区可以开展植树、喂食等环保活动，引导游客践行绿色生活方式。这些参与式体验不仅能够强化顾客对品牌的印象，更能促进其形成良好的行为习惯。

营造卓越的品牌体验，还需要旅游企业在各种顾客接触点上保持高度一致性。无论是线上的官网、社交媒体，还是线下的实体门店、景区环境，都要体现出统一、醒目的品牌形象，传递一致、积极的品牌理念。只有让顾客在多个渠道、多种场景中感受到熟悉和信赖，企业才能建立起强大、积极的品牌联想。

（二）优化品牌体验是增强市场竞争力的方法

通过优化品牌体验，打造与众不同的独特感受，是提升旅游企业市场竞争力的关键途径。在激烈的市场竞争环境下，单纯依靠产品和服务已难以取得突出优势，而品牌体验则成为旅游企业脱颖而出的制胜法宝。品牌体验涵盖了旅游者在接触品牌的整个过程中获得的多方面感受，包括感官体验、情感体验、思维体验、行为体验和关联体验。优秀的品牌体验不仅能够满足旅游者的功能性需求，更能唤起其积极向上的情感共鸣，引发深入的思考和认同，进而影响其消费行为和品牌忠诚度。

对于旅游企业而言，塑造卓越的品牌体验需要全方位、多角度的战略布局和精细化运作。企业应深入洞察目标客户的需求特点和偏好，在产品设计和服务提供中融入个性化、差异化的体验元素，以独特的方式触动旅游者的感官和情感。譬如，主题乐园可通过独具特色的场景布置、高科技互动项目、沉浸式表演等多种手段，营造奇幻梦境般的沉浸感，让游客仿佛置身于另一个世界。而生态旅游景区则可利用大自然的魅力，通过巧妙的环境设计和科普讲解，引领游客探索自然奥秘，感悟生命的神奇，获得身心的净化与升华。

旅游企业还应注重品牌体验的一致性和连续性。前后矛盾、支离破碎的体验会削弱品牌形象，动摇旅游者的信任。因此，从旅游者接触品牌的第一印象，到亲身参与旅游活动，再到旅游归来的念念不忘，每一个环节都应糅合品牌的核心理念和价值主张，彼此呼应，环环相扣。这就要求企业在广告宣传、景区环境、产品服务、人员培训等各方面形成合力，以统一的语言、一致的行动向旅游者传递品牌承诺，塑造连贯而立体的品牌形象。

借助新媒体的互动性和传播性，创新性地拓展品牌体验的时空维度，也是提升竞争力的有效策略。移动互联网时代，旅游者往往通过网上浏览、社交媒体分享等方式提前对目的地和旅游产品进行“云体验”，这就为旅游企业提供了供给优质体验的新渠道、新契机。通过生动的故事叙述、美轮美奂的视觉呈现、趣味盎然的互动设计，品牌能够率先占领旅游者的心智，唤起其探索体验的强烈渴望。而旅游归来后，鼓励游客分享见闻、晒图、参与讨论，则有助于延续品牌体验，增强旅游者的品牌黏性和认同感。

第二节 旅游产品创新的策略

一、旅游产品创新的概念及必要性

（一）创新的概念

创新是旅游产品保持生命力和竞争力的关键。从本质上讲，创新就是将新思想、新概念转化为具有市场价值的旅游产品和服务的过程。旅游业作为综合性极强的产业，其产品创新涉及多个领域和环节，需要在市场需求分析、资源整合、技术应用、服务优化等方面进行系统性的研究和实践。只有不断推陈出新，以创新的理念、创新的模式满足游客日益个性化、多元化的需求，旅游企业才能在激烈的市场竞争中立于不败之地。

创新旅游产品首先需要建立在准确把握市场需求的基础之上。旅游消费群体的年龄结构、收入水平、休闲偏好等因素都在不断变化，传统的“吃、住、行、游、购、娱”模式已经难以满足游客的期待。旅游企业必须深入开展市场调研，利用大数据技术收集和分析消费者行为数据，挖掘潜在的消费热点和趋势，进而开发出契合市场需求的个性化、特色化产品。比如，针对追求新奇体验的年轻群体，可以设计主题鲜明、互动性强的旅游项目；而对于注重健康养生的中老年人，则可以开发结合医疗保健、休闲度假的旅游线路。只有立足市场，创新才能找准方向、释放活力。

资源整合是旅游产品创新的重要途径。旅游资源具有分散性和非移动性的特点，单一景区或企业往往难以形成完整的旅游产品链。因此，跨区域、跨行业的资源整合势在必行。通过将不同类型的旅游资源进行优化组合，旅游企业可以创造出叠加效应，提供一站式、全方位的旅游体验。比如，将自然景观与历史人文相结合，开发研学旅行产品；将旅游与体育、康养相结合，打造健康生活方式产品。资源的创新性整合不仅能够丰富旅游产品的内涵，还能实现优势互补，提升产品的综合竞争力。

技术创新为旅游产品注入了新的活力。现代信息技术的发展为旅游业带来了革命性的变革，智慧旅游、虚拟现实、人工智能等新技术层出不穷。借助这些技术手段，旅游企业可以全面提升游客的感知体验和服务质量。比如，利用虚拟现实技术，游客可以身临其境地欣赏自然奇观、感受异域风情；应用大数据分析，可以实现个性化推荐和智能导览；开发旅游 App，则可以提供从信息查询、在线预订到行程规划的一系列便捷服务。技术与旅游的深度融合，既满足了游客对高品质体验的追求，也为传统旅游产品赋予了新的生命力。

服务创新是旅游产品提升附加值的关键所在。在体验经济时代，游客对服务的要求已经不再局限于“有没有”，而是上升到“好不好”的层面。旅游企业必须树立“以客为尊”的服务理念，围绕游客需求提供个性化、人性化的优质服务。这就要求在服务流程、服务方式、服务评价等环节进行全方位创新，为游客营造舒适、温馨、难忘的旅游体验。比如，可以建立完善的游客意见反馈机制，根据游客评价持续改进服务质量；开通多语种服务热线，方便不同国籍的游客咨询和求助；对老年人、儿童、残障人士等特殊群体，提供有针对性的关怀服务。唯有不断提升服务品质，用心用情打动游客，才能赢得良好的口碑，提高产品的美誉度和忠诚度。

（二）创新的必要性

旅游业的发展日新月异，市场竞争日趋激烈，消费者需求不断变化，这些因素无不推动着旅游企业加大创新力度，不断推陈出新。创新已经成为旅游业生存和发展的关键，只有通过创新，才能在激烈的市场竞争中脱颖而出，赢得消费者的青睐。

从供给侧来看，旅游产品创新是应对市场竞争的有力武器。随着旅游市场的日益成熟，各旅游企业提供的产品和服务趋于同质化，价格战成为常态，这不仅挤压了企业利润空间，也削弱了企业的市场竞争力。创新旅游产品，开发独特的旅游项目和体验，能够帮助企业建立差异化优势，突破价格战的恶性循环。同时，创新还能够提升旅游产品的附加值，拓展企业的盈利空间。一些成功的旅游企业，往往能够敏锐洞察市场趋势，及时推出契合消费需求的创新产品，从而在竞争中赢得先机。

从需求侧来看，消费者需求的不断升级和变化，为旅游产品创新提供了广阔空间。当代旅游者已不再满足于走马观花式的观光旅游，而是追求更加个性化、多元化的旅游体验。他们希望在旅游过程中获得新奇、刺激、愉悦的感受，渴望与当地文化、自然环境产生更多互动。这就要求旅游企业深入洞察消费者需求，不断创新旅游产品和服务。譬如，开发主题鲜明的特色旅游线路，设计参与性强的体验式旅游项目，提供个性化的定制旅游服务等，都能够很好地满足消费者的多元化需求。

创新还是推动旅游业转型升级的关键动力。面对日益激烈的市场竞争，传统的观光旅游模式已难以为继，转型升级成为旅游业发展的必然选择。而产品创新正是转型升级的突破口和着力点。通过技术创新，旅游企业可以优化服务流程，提高运营效率；通过模式创新，旅游企业可以拓展发展空间，实现跨界融合；通过内容创新，旅游企业可以丰富产品形态，提升游客体验。可以说，唯有坚持创新驱动，加快新旧动能转换，旅游业才能实现从量的扩张向质的提升的根本转变。

二、旅游产品创新的策略规划

（一）创新策略的制定

旅游产品创新策略的制定需要建立在深入的市场分析基础之上。只有准确把握市场需求和发展趋势，识别目标消费群体的特点和偏好，才能确定切实可行的创新方向。这就要求旅游企业高度重视市场调研，通过问卷调查、深度访谈、大数据分析等多种方式，全面收集消费者、竞争对手、行业发展等方面的信息。在此基础上，企业要运用战略管理工具如 SWOT 分析、STP 分析等，系统评估自身优劣势，洞察外部机会与威胁，进而明确旅游产品创新的战略定位和目标市场。

旅游产品创新方向的选择需要兼顾差异化和市场化两大原则。一方面，创新要立足企业资源禀赋和核心竞争力，开发独特和难以模仿的产品，在同质化竞争中脱颖而出。这可以通过挖掘地域文化特色、整合产业链资源、应用现代科技手段等路径实现。另一方面，创新还必须符合市场规律和消费趋势，以满足游客日益增长的个性化、多样化需求为导向。这就要求企业密切关注消费升级动向，顺应体验经济发展大势，着力打造以游客为中心的创新型产品业态。

制定旅游产品创新策略还需要遵循系统性原则，统筹考虑产品、市场、渠道、促销等各要素，形成协同效应。产品创新不能孤立进行，而应与市场营销策略紧密结合，围绕目标市场开展精准营销和品牌推广。渠道建设也要适应产品创新需要，积极拓展在线旅游平台、社交媒体等新兴渠道。此外，创新还需要完善的组织保障和激励机制，调动各方力量广泛参与。旅游企业应建立专门的创新部门，完善创意收集和评估流程，营造鼓励创新的企业文化氛围。

（二）创新策略的实施

创新策略的有效实施需要建立在精准规划的基础之上，同时还需要有科学的监控体系作为保障。旅游产品创新作为一项长期而复杂的系统工程，涉及市场调研、概念设计、可行性论证、产品开发、营销推广等多个环节。每一个环节都需要有明确的目标、任务分工和时间进度，才能确保创新活动有条不紊地推进。因此，在创新策略实施过程中，制订详尽的创新计划至关重要。

一份优秀的旅游产品创新计划，应该包括以下几个关键要素：首先，要对创新项目的背景和意义进行充分论证，明确创新的必要性和可行性；其次，要对创新目标进行科学设定，确保其符合旅游企业的战略发展方向，同时兼顾市场需求和自身资源条件；再次，要对创新过程进行细化分解，明确各阶段的具体任务、负责人员、完成时限等，形成一套严密的工作方案；最后，还要预估创新项目所需的人力、物力、财力等资源投入，并据此编制相应的预算。只有做到“心中有数”，才能在创新实践中游刃有余。

在创新计划的执行过程中，还需要建立起完善的监控机制。这既包括对创新进度的动态跟踪，也包括对阶段性成果的评估反馈。通过定期召开创新项目专题会议，及时了解各项任务的完成情况，发现和解决实施过程中遇到的困难和问题，必要时还要对原有计划进行动态调整，以适应不断变化的内外部环境。

三、旅游产品创新的风险与应对策略

（一）创新过程中的风险识别

在旅游产品创新过程中，识别和评估潜在的风险是至关重要的。旅游业作为一个高度动态和竞争激烈的行业，创新往往伴随着不确定性和风险。这些风险可能来自多个方面，如市场需求、技术应用、资源整合、运营管理等。如果不能及时发现和有效应对这些风险，创新的旅游产品很可能难以取得预期的市场反响和经济效益。

从市场需求的角度来看，旅游产品创新面临着消费者偏好变化、竞争加剧等风险。随着社会的发展和生活水平的提高，游客对旅游产品的期望值不断提升，个性化、多样化的需求日益凸显。创新的旅游产品如果不能准确把握市场脉搏，迎合消费者的喜好，就可能面临无人问津的窘境。同时，旅游市场的竞争日趋激烈，各大旅游企业纷纷加大创新力度，推出新颖独特的产品和服务。在这种情况下，如果创新的旅游产品缺乏核心竞争力，难以在同质化的市场环境中脱颖而出，也将面临巨大的市场风险。

技术应用是旅游产品创新的重要驱动力，但同时也潜藏着一定的风险。当前，大数据、人工智能、虚拟现实等新兴技术在旅游业得到广泛应用，极大地拓展了旅游产品的创新空间。然而，技术的发展瞬息万变，应用的成本和效果存在不确定性。一些技术驱动的创新产品，如智能导览、沉浸式体验等，虽然能够为游客带来全新的体验，但其技术成熟度、稳定性、互操作性等方面仍有待验证。过度依赖不成熟的技术，可能导致创新产品难以达到预期效果，甚至引发游客的不满和投诉。

资源整合是旅游产品创新的基础，但在实践中可能遇到诸多风险和挑战。旅游产品的开发需要整合景区、交通、住宿、餐饮、娱乐等多方面的资源，涉及众多的利益相关者。在这个过程中，如果资源协调不力、利益分配不均，就可能引发内部矛盾和冲突，影响创新产品的顺利推进。此外，一些创新的旅游产品可能需要跨区域、跨行业的资源整合，面临着更加复杂的协调难题。资源瓶颈和制度障碍也可能限制创新的深度和广度。

（二）风险管理与应对策略

风险识别和评估是风险管理的基础。在实验设计阶段，研究团队应该全面分析实验涉及的各个环节，识别出可能存在的风险点。这需要研究人员具备扎实的专业知识和丰富的实践经验，能够敏锐地捕捉到实验中的不确定因素。同时，还要对识别出的风险进行科学评估，判断其发生的可能性和影响的严重程度，进而确定风险的优先级别。这一过程可以借助头脑风暴、德尔菲法、故障树分析等多种方法，以提高风险识别和评估的全面性和准确性。

在风险识别和评估的基础上，研究团队要有针对性地制定风险预防措施。对于高优先级的风险，应该采取积极主动的应对策略，从源头上消除或降低风险发生的可能性。例如，对于实验设备故障的风险，可以通过定期维护、备用设备准备等方式来预防；对于操作失误的风险，可以加强实验人员的培训和考核，建立规范的操作流程和监督机制。对于无法完全消除的风险，也要制定相应的缓解措施，降低风险发生后的损失。同时，风险预防还应该体现在实验方案的优化和改进中。研究人员要审慎评估实验方案的可行性和局限性，对存在风险隐患的环节进行必要的调整和完善，使实验设计更加合理、可靠。

第三节　基于品牌体验的旅游产品创新实践

一、品牌体验与旅游产品创新的结合点

（一）品牌体验是体验式营销的趋势与品牌建设的结合

体验式营销强调顾客价值创造的过程，注重为消费者提供独特难忘的体验，打动消费者的情感，从而建立品牌与消费者之间的深度连接。随着体验经济时代的来临，这种营销方式已成为旅游品牌塑造和产品创新的重要趋势。在旅游业中，通过精心设计的体验活动，可以让游客沉浸其中，激发其情感共鸣，创造美好回忆，进而提升品牌认知度和忠诚度。

旅游体验的设计需要立足游客需求，洞察其心理诉求和行为特点，提供个性化、差异化的服务。同时，还要充分利用旅游目的地的特色资源，挖掘其文化内涵，讲好当地故事，营造独特氛围。例如，云南丽江的客栈文化，通过古朴别致的建筑、温馨贴心的服务、浪漫惬意的氛围，让游客感受到慢生活的魅力。再如，上海迪士尼乐园以梦幻童话为主题，通过形象生动的卡通人物、精彩刺激的游乐项目、震撼人心的演艺表演，将游客带入奇妙的想象世界。这些成功案例都很好地诠释了体验式营销在塑造旅游品牌、提升产品吸引力方面的价值。

体验式营销的应用已延伸至旅游产业链的各个环节。在餐饮方面，一些特色主题餐厅通过独特的装饰风格、互动式的就餐方式，为顾客营造难忘的

用餐体验。在住宿方面，精品酒店、民宿等争相打造个性化、艺术化的居住空间，提供贴心周到的服务，让顾客感受到宾至如归的温暖。在交通方面，观光列车、游轮等特色交通工具，通过优美的沿途风光、精彩的车上活动，将旅途本身打造成一种享受。这些无不体现出，旅游产品正从单一的观光游览向综合性的体验消费升级。

对旅游企业而言，体验式营销是实现品牌差异化、提升核心竞争力的有效途径。一方面，精心设计的旅游体验可以满足游客日益多元化、个性化的需求，为其创造独特的情感价值，增强品牌吸引力。另一方面，以体验为导向的产品创新，可以突破传统旅游产品的同质化困境，实现差异化发展。例如，北京一些博物馆推出了“博物馆过夜”等沉浸式体验项目，让参与者在特殊的时空环境中感受文化的魅力，引发社会广泛关注。这些创新实践表明，体验式营销已成为旅游品牌塑造和产品升级的重要动力。

（二）品牌故事与产品设计

品牌故事在旅游产品设计中的融入能够为游客营造独特而难忘的体验，从而提高品牌认知度和忠诚度。一个精心设计、巧妙融入品牌故事的旅游产品，能够激发游客的情感共鸣，唤起其对品牌的积极联想。这不仅有助于提升产品的吸引力和销售业绩，更能为品牌注入生命力，使其在游客心中留下深刻印象。

从游客体验的角度来看，品牌故事赋予了旅游产品丰富的内涵和意义。它不仅仅是一种娱乐或休闲方式，更是一段富有启迪性和感染力的心灵之旅。通过沉浸在品牌故事营造的氛围中，游客能够感受到品牌独特的个性和价值主张，产生情感上的认同和归属感。这种深层次的情感联结，是单纯的产品功能和属性难以企及的。因此，将品牌故事融入旅游产品设计，能够为游客创造更加丰富、立体、难忘的体验，增强其对品牌的认知和好感度。

从品牌建设的角度来看，旅游产品是践行品牌故事、彰显品牌价值的重要载体。一方面，精心设计的旅游产品能够将品牌的核心理念、独特卖点以及与众不同的个性鲜明地呈现在游客面前，加深游客对品牌的理解和记忆。另一方面，富有创意和吸引力的旅游产品本身就是一种有效的品牌传播方式，能够引发游客的口碑分享和社交媒体曝光，扩大品牌影响力。可以说，将品牌故事与旅游产品设计完美融合，是实现品牌价值传递、提升品牌资产的关键举措。

从旅游市场竞争的角度来看，品牌故事在旅游产品设计中的应用日益成为差异化竞争的利器。在当今高度同质化的旅游市场中，单纯依靠产品的功能属性已难以取得竞争优势。而将独特的品牌故事融入产品设计，则能够为产品赋予难以模仿的个性和魅力，使其在游客心中树立鲜明形象，脱颖而出。同时，品牌故事也是旅游企业进行情感营销、价值营销的重要抓手。通过生动、感人的品牌故事，旅游企业能够与游客建立情感纽带，提升品牌忠诚度，从而在激烈的市场竞争中赢得主动。

将品牌故事与旅游产品设计相融合绝非简单的“嫁接”或“堆砌”，而是需要深思熟虑的策划和巧妙的设计。首先，品牌故事需要与旅游产品的主题、特色、目标客群等相契合，做到水乳交融、浑然天成。其次，品牌故事在产品设计中的体现需要把握分寸，避免过于生硬或喧宾夺主。最后，品牌故事需要通过产品设计中的各个细节得以充分展现，做到环环相扣、处处彰显。只有深刻理解品牌故事和掌握旅游产品设计规律，才能真正实现二者的完美融合，为游客打造充满品牌个性和魅力的难忘体验。

二、基于品牌体验的旅游产品设计原则

（一）创造性和差异化设计

创造性和差异化设计是旅游产品创新的关键所在。在当今日益激烈的市场竞争环境中，旅游企业只有不断推陈出新，以独特的创意和差异化的产品设计赢得消费者的青睐，才能在竞争中立于不败之地。然而，创新并非无迹可寻，它需要旅游企业深入洞察消费者需求，把握市场趋势，并在此基础上进行精心策划和精准设计。

旅游产品设计的创新应聚焦消费者体验。随着旅游消费需求的不断升级，游客已不再满足于单纯的观光游览，而是追求更加个性化、体验式的旅游方式。因此，旅游企业需要站在消费者的角度，深入分析其痛点和需求，进而设计出富有吸引力和感染力的旅游产品。例如，针对追求刺激和挑战的游客，可以开发极限运动、野外探险等主题产品；而对于偏好文化体验的游客，则可以设计非遗文化、民俗风情等特色项目。无论是何种类型的旅游产品，都应以游客体验为核心，力求为其营造难忘而独特的旅游记忆。

旅游产品设计的创新还应注重差异化定位。在同质化竞争日益加剧的市场

环境下，旅游企业唯有找准自身定位，凸显产品特色，才能在竞争中脱颖而出。这就要求企业充分挖掘旅游资源的独特性和稀缺性，并将其转化为产品设计的亮点和卖点。例如，依托独特的地域文化，打造具有浓郁乡土气息的乡村旅游产品；或是利用得天独厚的自然资源，开发生态旅游、森林康养等绿色产品。总之，旅游企业要立足自身禀赋，因地制宜地进行差异化设计，以此彰显产品个性，吸引特定细分市场的消费者。

旅游产品设计的创新还应与时俱进，紧跟时代潮流。随着科技的飞速发展和消费理念的不断更新，旅游产品也需要与时俱进，方能持续吸引游客的目光。一方面，旅游企业要积极拥抱新技术，运用 VR、AR、AI 等手段，为游客营造沉浸式、交互式的旅游体验；另一方面，企业还应密切关注消费趋势的变化，及时调整产品设计，以契合游客的新需求。例如，随着健康养生理念的兴起，开发养生度假、中医药旅游等产品就成为大势所趋；而伴随着“慢生活”思潮的盛行，慢城慢游、乡村民宿等产品也应运而生。总之，唯有紧跟时代步伐，创新产品形态，才能不断激发游客的消费热情。

旅游产品设计的创新还应秉持人性化理念。所谓人性化设计，就是要充分考虑不同游客的个性化需求，提供更加灵活多样的产品选择，让每一位游客都能享受到贴心周到的服务。例如，针对家庭游客，可以提供亲子互动、祖孙同乐等主题产品；而对于银发族游客，则可以开发医养结合、文化养老等特色项目。再如，针对不同出游时长的游客，可以推出周末游、小长假等不同时长的旅游线路；而针对不同预算水平的游客，则可以设计经济型、舒适型、豪华型等不同档次的旅游套餐。总之，旅游企业要秉持以人为本的服务理念，站在游客的立场去思考问题、设计产品，方能真正满足其多元化、个性化的旅游需求。

（二）满足消费者情感需求

旅游产品的设计不仅要满足游客的功能性需求，更要注重情感体验的营造。在体验经济时代，情感因素已成为影响消费者购买决策的关键变量。游客对旅游产品的选择，不仅基于旅游目的地的自然景观、人文资源等硬件条件，更看重旅游过程中能否获得独特、难忘的情感体验。因此，以情感需求为导向进行旅游产品设计，对于提升游客满意度、品牌忠诚度具有重要意义。

从心理学角度来看，情感需求是个体对情感体验的渴望。马斯洛需求层次理论将情感需求作为人类需求的重要组成部分，位于生理需求和安全需求之上。这意味着，当游客的基本需求得到满足后，情感体验将成为其追求更高层次满足的重点。在旅游情境中，游客希望通过旅游活动缓解压力、放松身心、获得愉悦感和成就感。因此，旅游产品设计应着眼于创造能够满足游客情感需求的旅游情境和氛围，塑造出独特的旅游体验。

具体而言，以情感需求为导向的旅游产品设计可以从以下几个方面着手。

第一，挖掘旅游资源的情感价值。每一处旅游吸引物都蕴藏着独特的情感价值，如壮美的自然景观可以激发游客的敬畏之情，历史遗迹可以唤起游客的民族自豪感，动人的爱情故事可以满足游客的浪漫情怀。旅游产品设计应充分发掘并凸显这些情感价值，以此吸引游客、打动游客。

第二，营造沉浸式的情感氛围。情感体验的获得离不开良好的情感氛围。旅游产品设计应注重细节，从视觉、听觉、嗅觉、味觉等多感官角度营造沉浸式的情感氛围，让游客全身心地投入到旅游情境中。例如，精心设计的夜景灯光秀可以烘托浪漫氛围，动人的解说词可以渲染历史厚重感，特色美食可以勾起乡愁和满足感。

第三，设计情感互动的环节。情感互动是旅游体验的重要组成部分。通过情感互动，游客可以产生代入感和参与感，从而获得更加深刻的情感体验。旅游产品设计可以通过角色扮演、情境再现、互动游戏等形式，为游客提供情感互动的机会。例如，通过还原历史场景让游客身临其境地感受历史人物的喜怒哀乐，通过角色扮演游戏让游客体验不同身份的情感状态。

第四，提供个性化的情感服务。不同游客的情感需求存在差异。因此，旅游产品设计应提供个性化的情感服务，以满足不同游客的特定需求。例如，为情侣游客提供浪漫私密的约会场所，为亲子游客营造欢乐温馨的亲子时光，为文化游客安排深度的人文体验。个性化的情感服务能够增强游客的获得感和满足感，提升旅游体验的品质。

三、如何通过品牌体验挖掘创新点

（一）调研消费者体验点评

调研消费者体验点评是发掘旅游产品创新点的重要途径。随着体验经济时代的到来，游客对旅游产品的体验感受越来越看重。他们不再满足于被动地接受旅游服务，而是希望通过亲身参与、深度互动获得独特而难忘的旅游体验。因此，旅游企业要想在激烈的市场竞争中脱颖而出，必须深入了解游客的真实需求和痛点，不断优化和创新旅游产品，提供更加个性化、高品质的旅游体验。

旅游企业可以通过多种渠道搜集消费者体验点评，如在线点评平台、社交媒体、客户反馈表等。在搜集过程中，要特别关注游客对旅游产品各环节的详细评价，包括行前预订、交通服务、住宿条件、景区体验、导游服务、餐饮质量等。这些评价信息蕴含着游客对旅游产品的真实感受和潜在需求，是发掘创新点的宝贵资源。

在分析消费者点评时，旅游企业要善于捕捉其中的痛点和机会点。痛点反映了旅游产品存在的问题和不足，是急需改进的方面；而机会点则体现了游客的新需求和期待，是未来创新的方向。比如，若多个游客反映某景区讲解枯燥乏味、缺乏互动，这就是一个明显的痛点，企业可以通过嵌入故事性、游戏化元素，增强讲解的趣味性和参与感；又如，若游客对某地特色民宿赞不绝口，认为是亮点体验，这就是一个潜在的机会点，企业可以进一步打造系列特色民宿产品，满足游客对非标住宿的需求。

深入挖掘消费者点评还能帮助企业发现不同细分市场的差异化需求，有针对性地进行产品创新。不同年龄、职业、出游方式的游客，对旅游体验的偏好和侧重点往往不尽相同。年轻游客可能更喜欢刺激、个性、时尚的旅游项目，而中老年游客则可能更看重舒适、养生、文化内涵，家庭游客则更关心安全、亲子互动等。旅游企业要结合游客画像，分析细分市场的独特需求，提供差异化的创新产品组合，以更好地匹配市场需求。

除了挖掘游客需求，分析消费者点评还能为旅游企业优化服务、完善管理提供参考。一些看似细小的服务细节，往往会对游客体验产生重大影响。通过梳理游客对服务态度、响应速度、问题解决等方面的评价，企业能及时发现服务流程中的不足，并加以改进，最终实现服务创新、管理创新。

在利用消费者点评创新产品时，旅游企业要注意甄别信息的真实性和普遍性，避免被某些极端、片面的评价误导。要综合考虑企业自身资源条件、目标市场定位等因素，选择最具价值、最切实可行的创新点。同时，产品创新也不能脱离旅游市场发展的大趋势，要顺应体验经济、智慧旅游、可持续旅游等新理念，融合科技创新元素，引领旅游消费新风尚。

（二）利用技术手段提升体验

技术的迅速发展为旅游体验的创新提供了广阔空间。AR、VR 等前沿技术为游客带来了沉浸式、互动式的全新体验，成为旅游产品创新的重要突破口。这些技术手段不仅能够增强旅游体验的真实感和参与感，还能打破时空限制，让游客足不出户就能“身临其境”地探索世界各地的奇观异景。

从品牌建设的角度来看，运用 AR、VR 等技术为游客提供独特、难忘的体验，能够显著提升旅游品牌的辨识度和美誉度。一方面，这些创新性的体验能够带给游客强烈的新鲜感和震撼感，激发其对目的地和旅游企业的好感。另一方面，借助技术手段还能将品牌文化、价值主张等隐性信息巧妙地融入体验过程之中，潜移默化地强化游客的品牌认知。例如，迪士尼乐园运用 AR 技术开发了一款“魔法手环”，游客佩戴后能够解锁园区内的各种互动体验，收集虚拟徽章，这不仅为游客创造了欢乐、梦幻的体验，也让“魔法王国”的品牌形象深入人心。

借助 AR、VR 技术，旅游产品还能实现更加个性化、定制化的设计与创新。通过智能算法分析游客偏好，旅游企业可以为不同群体量身打造富有特色的沉浸式体验产品。例如，针对历史爱好者，可以设计基于 AR 技术的“穿越之旅”，让游客置身于不同历史场景，与虚拟历史人物互动；而对于追求刺激的年轻群体，则可以推出结合 VR 技术的惊险探险项目，让其在虚拟环境中体验逼真的惊心动魄。这种个性化的体验设计不仅能够满足游客多元化的需求，也为旅游品牌的差异化经营提供了新思路。

在运用 AR、VR 等技术进行产品创新时，也需要注意几个问题。首先，技术只是手段，旅游体验的内容和质量才是关键。盲目追求技术创新而忽视了体验本身的内涵，难以取得良好效果。其次，沉浸式体验的设计要遵循人体工程学原理，注重用户的舒适度和安全性，避免因眩晕、身体不适等问题影响游客体验。最后，AR、VR 技术在户外环境中的应用还面临设备便携性、电池续航等技术瓶颈，需要在产品设计中加以克服。

四、基于消费者反馈的旅游产品创新

（一）构建有效的反馈机制

构建有效的消费者反馈机制是旅游产品持续创新的重要保障。在旅游业竞争日益激烈的当下，倾听并响应消费者的声音已成为旅游企业生存和发展的关键。只有及时收集、分析和利用消费者反馈，才能准确把握市场动向，发现产品和服务的不足，进而不断优化和创新，以满足消费者日益多元化、个性化的需求。

系统的消费者反馈渠道是收集反馈信息的基础。旅游企业应根据自身特点和目标受众，构建多样化的反馈渠道，如在线问卷调查、电话访谈、面对面交流等。这些渠道既要覆盖旅游全过程的各个接触点，又要兼顾不同消费群体的偏好。同时，旅游企业还应注重反馈渠道的便捷性和互动性，鼓励消费者主动表达意见和建议。比如，在景区、酒店等场所设置醒目的意见箱，在官网、App 等平台开设留言板块，都是行之有效的做法。

高效的反馈信息处理流程是及时响应的关键。收集到的消费者反馈往往数量庞大、内容繁杂，如何从海量数据中提炼有价值的信息至关重要。旅游企业应建立专门的数据分析团队，运用大数据、人工智能等技术手段，对消费者反馈进行分类、归纳和挖掘。针对不同类型的反馈，还要设计差异化的处理流程和解决方案。例如，对于产品质量问题的投诉，要快速核实情况，及时补救，并举一反三，堵塞漏洞；而对于消费者的创新性建议，则要组织专题研讨，评估可行性，制订实施方案。

将反馈转化为创新的机制是持续发展的动力。消费者反馈蕴含着巨大的创新潜力，关键在于旅游企业能否建立起将反馈转化为创新的长效机制。一方面，旅游企业要树立以消费者为中心的理念，将满足消费者需求作为检验创新成果的标准。另一方面，要建立科学的创新项目管理体系，加强部门协同，优化资源配置，确保创新举措落到实处。同时，还要注重创新成果的推广应用，加强与消费者的沟通，让其感受到反馈带来的改变，提升品牌美誉度和忠诚度。

完善的消费者参与机制是创新实践的保障。将消费者视为创新的合作伙伴，积极引入其参与产品设计、开发和改进的全过程，能够极大地提升旅游产品的市场适应性。例如，旅游企业可以邀请忠实客户参与产品体验官计划，征集其使用感受和优化建议；也可以面向社会举办创意大赛，激发消费者的创新灵感。让消费者参与到创新实践中，不仅能够促进企业与消费者的交流互动，更能增强其对品牌的认同感和归属感。

（二）从客户服务到产品改进

客户服务中的消费者反馈是产品创新的重要驱动力。企业应高度重视消费者的反馈信息，建立系统、高效的反馈收集与分析机制，将其转化为产品改进和创新的实践。这不仅有助于提升产品质量，满足消费者日益多元化的需求，更能够增强企业的市场竞争力，推动品牌的可持续发展。

从客户服务到产品改进，需要企业在组织架构、流程设计等方面进行系统性的变革。首先，企业应设立专门的客户反馈管理部门，配备专业的数据分析人才，负责收集、整理、分析消费者反馈数据。其次，建立客户反馈与产品研发团队之间的双向沟通机制，确保宝贵的用户洞见能够及时、准确地传递给产品经理和设计师。最后，产品创新流程中应嵌入消费者反馈环节，在概念设计、原型测试等关键节点充分吸收用户的意见和建议，不断迭代优化产品方案。

消费者反馈的形式多种多样，包括在线评论、客服热线、社交媒体互动等。面对海量的非结构化数据，企业需要运用大数据、人工智能等前沿技术，对反馈内容进行智能化的挖掘和分析。通过情感分析，可以洞察消费者对产品的喜好程度和情感倾向；通过语义分析，可以提炼反馈中的关键词，发现产品存在的普遍问题；通过聚类分析，可以将相似的反馈归类，识别不同消费者群体的独特诉求。在技术赋能下，消费者反馈数据才能转化为切实可行的产品创新策略。

将消费者反馈应用于产品创新，不仅需要先进的数据分析技术，更需要开放、包容的企业文化。一方面，企业应鼓励员工主动倾听消费者心声，将客户视为产品创新的合作伙伴。另一方面，面对消费者的批评意见，企业应以开放、谦逊的心态对待，视其为推动产品不断进步的契机。唯有在文化层面营造“以客户为中心”的氛围，消费者反馈才能真正成为产品创新的源泉。

旅游产品的创新尤其需要基于消费者反馈的洞察。旅游消费具有体验性强、个性化需求多样等特点，消费者的感受和评价对于产品的可持续发展至关重要。一篇生动的游记、一张真实的照片、一段深情的视频，都可能成为启发旅游产品创新的灵感。因此，旅游企业更应重视搭建线上线下多渠道的消费者互动平台，鼓励游客分享旅行体验，表达真实诉求。而对于负面评价和投诉，更需要专业、高效的处理流程，用真诚的沟通化解消费者的不满，并从中吸取产品优化的经验和教训。

第四章　旅游市场细分与目标市场定位

第一节　旅游市场细分的原则与方法

一、旅游市场细分的定义及意义

（一）旅游市场细分的理论框架

市场细分理论为现代营销活动提供了重要的思想指引和实践基础。这一理论的核心在于将异质化的总体市场划分为若干个相对同质化的子市场，即细分市场，并以此为基础制定有针对性的营销策略。从总体市场到特定群体的划分过程，涉及一系列关键环节，需要遵循科学的原则和方法。

市场细分的过程应当建立在充分的市场调研基础之上。企业需要通过各种途径收集消费者的人口统计学特征、心理特征、行为特征等信息，全面了解目标市场的需求、偏好、购买行为等，为后续的细分工作提供数据支撑。只有深入洞察消费者，才能找准影响其购买决策的关键因素，从而识别出有效的细分变量。

在构建市场细分方案时，应当遵循科学的原则。一般而言，有效的细分方案需要满足以下要求：可衡量性，即细分变量能够准确地度量和获取；可及性，即企业能够有效地覆盖和服务目标细分市场；可区隔性，即不同细分市场之间存在明显差异；可实施性，即细分方案能够指导营销策略的制定和实施。只有在这些原则的指导下，才能设计出切实可行、卓有成效的市场细分方案。

要实现从总体市场到特定群体的精准划分，必须综合运用各种细分方法。传统的细分方法主要包括地理细分、人口统计细分、心理细分和行为细分等。例如，一家跨国企业可能首先根据地理位置将市场划分为不同的国家或地区，再根据人口统计学特征如年龄、性别、收入等细分出不同的消费群体，进而基于生活方式、个性特征等进行更精细的划分。而随着大数据技术的发展，基于用户画像的精准细分方法也逐渐兴起。企业可以利用海量的消费者数据，构建多维度的用户画像，实现对个体消费者的精准刻画和识别，从而推动实现“千人千面”的个性化营销。

市场细分的过程还需要重视目标市场的评估与选择。通过细分识别出的每一个子市场，都应当经过系统的评估，权衡其市场潜力、竞争态势、自身资源禀赋等因素，以决定是否将其作为目标市场。一般而言，理想的目标市场应当具备足够的市场规模和增长潜力，与企业的资源和能力相匹配，同时竞争压力相对较小。只有选准了目标市场，后续的营销组合策略才能找准着力点，实现资源的优化配置。

从总体市场到特定群体的划分过程，体现了市场细分理论的精髓所在。这一过程不仅关乎营销资源的优化配置，更关系到企业能否洞悉消费者需求，为其提供卓越的价值主张。纵观整个划分过程，市场调研、科学原则、多元方法、目标选择、动态优化等环节缺一不可，共同构成了市场细分的理论框架。

（二）旅游市场细分的经济与管理意义

通过市场细分，旅游企业能够实现资源优化配置，提高经营效率，增强市场竞争力。市场细分的核心是识别目标市场，集中有限资源满足特定细分市场的独特需求。这一过程可以帮助企业更好地了解消费者，开发针对性产品，制定有效营销策略，实现差异化竞争。

从资源配置的角度来看，市场细分有助于企业在产品开发、渠道建设、促销策略等方面作出更加明智的决策。通过深入分析细分市场的特点和需求，企业可以有的放矢地投入资源，避免盲目扩张和低效运营。例如，针对追求舒适度假体验的高端细分市场，企业可以集中资源打造精品酒店和个性化服务，而不是分散资源发展大众旅游产品。这种资源的聚焦性投入，不仅能够更好地满足目标市场需求，也能带来更高的投资回报率。

从运营管理的角度来看，实施市场细分战略能够提升企业的经营效率。一方面，细分市场规模相对较小，消费者偏好相对集中，这有利于企业进行标准化运作，实现规模效应，降低运营成本。另一方面，企业可以根据细分市场的特点，优化业务流程和服务标准，为目标客户提供更加专业、高效的服务，提高顾客满意度和忠诚度。以定制旅游市场为例，企业通过专业的定制师团队、个性化的服务流程，能够为客户量身打造专属旅行体验，在提高服务效率的同时，树立差异化品牌形象。

从市场竞争的角度来看，市场细分是企业获得竞争优势的关键举措。旅游市场竞争日益激烈，企业要想脱颖而出，必须找准目标市场，发挥自身优势，形成差异化竞争力。通过市场细分，企业可以避开直接市场竞争，转而深耕特定的利基市场，以差异化的产品和服务满足细分客户需求，从而在竞争中占据有利地位。比如，专注年轻人市场的旅游企业，可以紧跟年轻群体喜好，开发个性化、互动性强的旅游产品，并借助社交媒体等新媒体渠道开展精准营销，吸引年轻消费者的青睐。这种差异化策略不仅能够规避与综合性旅游企业的正面竞争，也能充分发挥自身优势，赢得市场认可。

二、旅游市场细分的基本原则

（一）旅游市场细分的可行性原则

旅游市场细分的可行性原则强调细分方案必须具有可操作性和易管理性，这是保证市场细分有效实施的基本前提。随着旅游市场日益呈现出个性化、多元化趋势，游客需求不断细化，传统的“大而全”式市场定位已难以满足市场竞争的需要。因此，旅游企业必须立足市场现状，遵循可行性原则，制订科学合理的细分方案，以提升市场营销的针对性和有效性。

可行性原则要求细分变量的选取必须全面考虑数据的可获得性。市场细分的基础是大量的市场调研数据，只有数据完整、准确，才能真实反映不同细分市场的特点和需求。然而，旅游市场的信息分散，涉及地域广泛，获取全面系统的数据并非易事。因此，在选择细分变量时，必须充分评估数据采集的可行性，优先选用易于获取且数据相对完整的指标，如人口统计特征、地理区域等，避免盲目追求细分的“深度”而忽视了操作的“难度”。只有数据支撑到位，细分方案才能落到实处。

可行性原则强调细分后的市场规模必须具有可盈利性。过度细分可能导致每个细分市场规模过小，难以产生规模效益，销售成本和营销风险大幅增加。以定制旅游为例，尽管它迎合了个性化消费趋势，但如果过度细分，每个定制群体规模太小，定制产品的成本就会居高不下，难以实现盈利。因此，在进行市场细分时，必须审慎评估细分市场的规模，权衡投入产出比，选择具有一定规模和增长潜力的目标市场。只有规模效益和盈利能力得到保证，企业才有动力投入资源开发细分市场。

可行性原则要求细分后的市场必须容易识别和接触。换言之，企业必须能够根据细分变量准确识别和描述目标消费者，并找到有效的营销渠道触达他们。

这就要求所选择的细分变量具有明确的外在表现，能够较容易地观察和度量。例如，根据旅游动机细分市场，如休闲游、商务游等，就比根据游客内在心理特征细分更容易识别。同时，企业还需评估不同营销渠道触达细分市场的有效性，优先选择目标消费者偏好且覆盖面广的媒体渠道。只有“对症下药”地实施营销组合策略，细分市场的潜力才能真正释放出来。

可行性原则还强调细分方案必须易于管理和评估。市场细分不一蹴而就的，而是一个持续动态的过程。企业需要建立完善的细分管理体系，持续跟踪细分市场的变化，调整营销策略，评估实施效果。这对企业的组织管理能力提出了较高要求。过于复杂的细分方案不仅实施难度大，而且难以评估效果，管理成本高昂。因此，在设计细分方案时，必须兼顾管理的便利性，将细分控制在企业可管理的范围内，建立科学的评估指标体系，简化管理流程，提高细分的执行效率。

（二）旅游市场细分的差异性原则

旅游市场细分必须遵循差异性原则，即要识别不同旅游子市场之间的差异特征，并加以利用。事实上，游客群体在人口统计特征、消费心理、出游动机等方面存在着显著差异。例如，不同年龄段的游客在旅游消费偏好上就有明显区别：年轻人更热衷于个性化、体验式旅游，而中老年人则偏好传统观光游和休闲度假。同样，不同收入水平的游客在旅游决策和消费行为上也大相径庭。

充分认识和把握这些差异，是旅游企业实施有效细分的前提。只有基于细分市场的独特需求，量身定制营销组合策略，才能真正做到“因地制宜、因人而异”，实现精准营销。相反，如果忽视细分市场间的差异，用“一刀切”的方式对待所有顾客，就难以获得良好的营销效果。可见，差异性原则是市场细分的逻辑起点和理论基础。

识别细分市场的差异并非易事，它要求企业具备敏锐的洞察力和缜密的分析能力。首先，企业要全面收集旅游者的人口统计信息、消费偏好等数据，并运用统计分析等方法，找出其中的差异模式。其次，还要走出去，深入细分市场，通过观察、访谈等方式获取第一手资料，深刻理解不同群体的独特需求。最后，要善于从经济、文化、技术等宏观环境变化中捕捉市场新动向，及时发现新的差异点和细分机会。

差异性原则不仅要求识别静态的市场差异，更要捕捉市场的动态演变。随着社会的发展和消费者需求的日益多元化，旅游市场也在不断分化，呈现出更加复杂的差异格局。比如，随着中产阶级的崛起和消费升级，出现了更多追求品质、注重体验的细分群体。又如，互联网和移动终端的普及，催生了“自由行”等新的旅游方式和细分市场。这就要求旅游企业必须与时俱进，动态把握市场的新变化、新差异，不断调整完善细分策略。唯有如此，才能立于不败之地。

三、常见的旅游市场细分方法

（一）地理细分与人口统计细分

地理细分和人口统计细分是旅游市场细分中最基本也是最常用的两种方法。地理细分以游客的居住地为依据，将市场划分为不同的地理区域，如国内游客和国外游客，东部地区游客和西部地区游客等。这种划分方式简单直观，易于操作，能够直接反映不同地区游客在旅游动机、旅游偏好、消费水平等方面的差异。旅游企业可以根据自身资源禀赋和目标市场，有针对性地开发适合特定地域游客的旅游产品和服务。例如，针对国外游客推出经济型的短线游产品，针对国外游客设计高端奢华的旅游线路。

人口统计细分则以游客的人口统计特征为基础，如年龄、性别、收入、职业、教育程度等，将市场划分为不同的人口子群。不同人口统计特征的游客在旅游需求和消费行为上往往存在显著差异。例如，年轻游客更追求刺激、新奇的旅游体验，中老年游客则更看重旅游的舒适性和服务质量。了解游客的人口特征有助于旅游企业提供个性化、差异化的旅游产品，满足不同群体的独特需求。人口统计细分的关键是选择恰当的变量组合，既要覆盖主要的影响因素，又不宜过于复杂，以确保细分的可操作性。

地理细分和人口统计细分是从空间和个体两个维度对旅游市场进行的基本划分，二者相互补充，为旅游市场定位奠定了基础。在实际运用中，旅游企业通常将两种方法结合起来，形成更加精细、全面的市场细分矩阵。例如，可以将游客划分为国内中青年游客、国内中老年游客、国际中青年游客、国际中老年游客等细分市场，分别设计针对性的营销策略。同时，还应注意不同细分变量之间的相关性，如地域与收入水平的关联，避免过度细分导致市场碎片化。

（二）心理细分与行为细分

消费者心理和行为的差异是旅游市场细分的重要依据。不同的游客在动机、偏好、决策方式等方面存在显著差异，这些差异反映了其内在的心理特征。通过识别和利用这些特征，旅游企业可以更加精准地划分细分市场，制定有针对性的营销策略。

从心理动机来看，游客出游的内在驱动力各不相同。有的追求刺激和冒险，渴望通过旅游获得新奇体验；有的期待放松身心，借旅游逃离日常生活的压力；有的希望增长见识，通过旅游了解不同地域的风土人情。这些差异化的出游动机对游客的目的地选择、活动偏好等产生直接影响。因此，旅游企业应当深入分析游客的心理需求，设计与之匹配的旅游产品和服务。

游客的个性特征也是心理细分的重要维度。一些游客偏好独立自主，喜欢自由行和深度游；另一些则倾向于跟团出游，享受无忧无虑的舒适体验。有的游客重视旅途中的社交互动，期待结识志同道合的伙伴；有的则追求私密独处，渴望在旅游中获得内心的宁静。这些个性差异直接影响游客对旅游产品的接受度和满意度。因此，旅游企业需要在产品设计中兼顾不同性格特点，提供多样化的选择。

游客的感知和认知差异也值得关注。面对同一旅游目的地或产品，不同游客的感受和评价可能大相径庭。有的注重旅游体验的舒适性和便捷性，有的看重旅游过程中的参与感和互动性，有的期待获得独特而难忘的感受。这种感知差异与游客的知识背景、阅历经验密切相关。旅游企业应当充分考虑这一因素，优化产品设计，并在营销沟通中突出产品的独特卖点，吸引目标客群。

消费决策方式的差异也反映了游客心理特征的多样性。一些游客偏好理性决策，他们会广泛搜集信息，进行详尽的比较和权衡，慎重作出选择；另一些游客则偏好感性决策，他们更多凭借直觉和情感作出判断，容易受到营销刺激的影响。这种决策方式差异对旅游营销策略具有重要启示。对于理性型游客，企业应提供丰富翔实的产品信息，通过数据和案例充分展现产品价值；对于感性型游客，企业则应注重营造氛围，利用生动的文案和视觉元素诉诸情感，激发其购买冲动。

从行为角度来看，游客在信息搜索、产品选择、购买决策等方面也存在明显差异。一些游客偏好线上渠道，习惯通过网络搜索、在线预订等方式完成交易；另一些游客则青睐线下渠道，看重面对面沟通和体验式消费。游客对旅游产品的忠诚度和重购意愿也各不相同。这些行为特征为旅游企业的渠道建设、客户关系管理提供了重要参考。企业应针对不同行为特征，打造个性化的销售和服务流程，从而提升游客体验，培育稳定的客户群。

四、旅游细分市场的动态变化监测

（一）细分市场变化的监测指标

细分市场变化监测的关键在于建立一套科学、全面的指标体系，客观准确地呈现市场动态。在设计监测指标时，需要立足旅游市场的特点，兼顾指标的针对性、系统性和可操作性。

从需求侧来看，游客规模、结构、偏好等是衡量细分市场变化的重要维度。通过跟踪游客总量的变动趋势，分析不同年龄段、收入水平、地域等细分群体的构成比例，研究游客在目的地选择、出游时间、停留天数、消费水平等方面的偏好变化，能够及时发现市场走向，把握消费升级的新动向。例如，随着人们消费观念的转变，定制化、个性化的旅游需求日益凸显。捕捉这一变化，就要求在监测指标中纳入高端旅游产品的预订情况、私家团的数量占比等反映个性化需求的指标。

从供给侧来看，旅游产品和服务的结构性变化是判断细分市场走势的关键所在。一方面，要密切关注不同类型旅游产品的数量、占比情况，特别是新业态、新产品的涌现速度和市场反响。如近年来，乡村旅游、红色旅游、工业旅游等细分市场备受青睐，监测相关旅游线路、景区的开发数量和游客接待情况，能够洞察细分赛道的成长潜力。另一方面，要对旅游服务质量进行多维评估，将游客满意度、重游率纳入监测范畴。这不仅能反映出旅游供给水平的高低，更能揭示出游客需求的实际满足程度。

行业竞争态势的监测也是不可或缺的一环。要高度重视旅游企业的市场份额变化，特别是领军企业和后起之秀的发展动向，准确判断行业竞争格局的演变趋势。同时，跨界竞争对手的渗透力度，以及颠覆性技术、商业模式的影响也值得密切关注。这需要在监测体系中设置反映行业集中度、进入壁垒、技术创新水平等方面的指标。只有立体化地观察行业生态的风云变幻，才能及时调整竞争策略，巩固和提升市场地位。

宏观环境变化对旅游细分市场的影响也不容忽视。从经济发展水平、居民可支配收入、消费者信心等反映经济形势的指标，到体现政策导向的产业规划、财税优惠等，再到反映社会文化变迁的节假日安排、旅游意愿等，都应当成为监测的重要内容。只有将旅游业置于整个社会经济发展大势中审视，才能真正读懂细分市场机会和挑战的来龙去脉。

(二)市场变化对细分策略的影响

旅游市场的动态变化对细分策略的影响是不容忽视的。随着消费者需求的日益多样化和个性化，传统的“大而全”式市场细分方法已经难以适应新形势下的市场竞争。因此，旅游企业必须紧跟市场动向，根据细分市场的变化及时调整细分策略，才能在激烈的市场竞争中立于不败之地。

市场环境的变化是影响细分策略的重要因素之一。宏观经济形势、政策法规、社会文化等外部环境因素都会对旅游市场产生深远影响。例如，经济衰退可能导致消费者收入下降，进而影响其旅游消费决策；而政府出台的旅游刺激政策则可能带动旅游市场的快速增长。面对这些变化，旅游企业需要及时调整细分策略，重新评估不同细分市场的吸引力和盈利潜力，根据市场环境变化作出相应调整。

消费者需求的变化是影响细分策略的另一关键因素。随着社会的发展和生活水平的提高，消费者的旅游动机、偏好、消费行为等都在不断变化。比如，年青一代消费者更加追求个性化、定制化的旅游体验，中老年消费者则更看重旅游的舒适性和便利性。这就要求旅游企业深入洞察不同细分市场的需求特点，根据需求变化动态调整细分策略。只有紧跟消费者需求的变化，才能设计出满足目标市场需求的旅游产品和服务。

技术进步也在推动着细分策略的变革。互联网、大数据、人工智能等新兴技术的应用，为旅游企业实现精准营销、个性化服务提供了强大的技术支撑。通过对海量数据的挖掘和分析，企业可以更加精准地识别和细分目标市场，深入洞察消费者的行为特征和偏好，从而制定出更加有针对性的营销策略。同时，技术进步也使得市场细分的成本大大降低，使得企业可以针对更加细分的市场开展营销活动。

竞争格局的变化也对细分策略产生重要影响。随着市场竞争的日益激烈，旅游企业必须不断寻找新的细分市场，开拓新的利润增长点。这就要求企业密切关注竞争对手的动向，分析其细分策略的优劣，找出自身的差异化优势。同时，企业还需要评估新兴细分市场的吸引力和进入壁垒，权衡进入新市场的机会和风险。只有审时度势，根据竞争格局的变化及时调整细分策略，才能在激烈的市场竞争中赢得先机。

企业自身资源和能力的变化也会影响细分策略的制定和执行。企业的资金实力、人才储备、品牌影响力等内部资源和能力，都会影响其细分市场的选择和营销策略的实施。因此，企业需要客观评估自身的资源禀赋和能力水平，根据自身条件的变化动态调整细分策略。对于资源有限的中小企业而言，可能需要集中资源重点攻克某个细分市场；而对于实力雄厚的大型企业，则可以同时开拓多个细分市场，实现规模经济效应。

第二节　旅游目标市场的选择与定位策略

一、旅游目标市场选择的标准

（一）旅游目标市场的消费潜力及增长率评估

旅游目标市场的消费潜力与增长率评估是旅游企业进行市场选择与定位的重要依据。通过量化分析目标市场的容量与成长性，企业可以准确把握市场机会，合理配置资源，制定科学的发展战略。一个有吸引力的旅游目标市场应该具备足够大的消费群体基数和旺盛的消费需求。这就要求企业深入研究目标消费者的人口统计特征、消费偏好、支付能力等，估算市场潜在规模。同时，优质的目标市场还应有良好的增长前景。企业需要通过分析市场的发展阶段、竞争格局、政策环境等因素，判断其未来的成长空间和速度。只有消费潜力与增长率并重，才能确保旅游投资决策的前瞻性和可持续性。

在评估目标市场消费潜力时，需要重点关注以下几个核心指标。首先是市场人口规模，即目标消费群体的数量有多大，这决定了市场需求的体量。其次是消费者的购买力，包括收入水平、可支配时间等，这决定了市场的质量。再次是消费者的旅游动机和偏好。这需要企业深度剖析消费者的心理特点、行为习惯，把握其对旅游产品和服务的实际需求。最后是市场的可进入性，包括目标市场的地理区位、交通便利度、当地政策法规、社会文化环境等。只有条件成熟、门槛适中的市场，企业才更容易切入并获得竞争优势。

判断目标市场的增长潜力则需要前瞻性思维。一个有活力的旅游市场应处于成长期或成熟期，而非初创期或衰退期。处于上升通道的市场，其旅游消费需求将不断被激发和释放，为企业提供广阔的发展空间。相反，已趋饱和或衰退的市场则缺乏增量，竞争将更为激烈。评估增长率还要观察市场的竞争态势。

通常在竞争相对缓和、尚未出现寡头垄断的市场中，后来者更容易突围，实现跨越式发展。而在竞争日趋白热化的市场，新进入者面临的机遇与挑战并存。政策环境也会对市场增速产生深远影响。从积极因素看，国家和地方政府出台的旅游发展规划、财税优惠政策、产业配套措施等，都将为目标市场注入强劲动力。而不利的政策法规变动，则可能对该市场产生抑制作用。

（二）竞争态势分析

竞争态势分析是旅游目标市场选择的关键环节之一。通过对目标市场的竞争程度和品牌竞争力进行全面评估，旅游企业可以更加准确地定位自身的市场地位，制定有针对性的竞争策略。

旅游企业需要深入了解目标市场的竞争格局。这包括识别主要竞争对手、分析其市场份额、产品定位、目标客户等，从而掌握竞争的基本态势。同时，还要关注潜在竞争者的动向，预判其进入市场的可能性及潜在影响。只有全面把握竞争态势，才能找准自身定位，避免盲目决策。

旅游企业要评估自身的品牌竞争力。这需要从品牌知名度、美誉度、忠诚度等维度入手，全面审视品牌资产的建设情况。一个强势的旅游品牌不仅能够吸引更多游客，提升市场占有率，还能够在竞争中赢得主动，获得更高的议价能力。因此，旅游企业要通过市场调研、消费者访谈等方式，及时掌握品牌竞争力的变化趋势，并持续优化品牌战略。

竞争态势分析要与目标市场的特点相结合。不同的细分市场在消费者偏好等方面存在差异。旅游企业要根据目标市场的独特性，有针对性地开展竞争分析。例如，在追求个性化体验的定制旅游市场，企业更需要关注服务创新和差异化竞争；而在对价格敏感度较高的大众旅游市场，企业则要重点评估成本控制和规模效应。只有契合市场特点，竞争分析才能提供有价值的决策参考。

（三）旅游资源与旅游目标市场的契合度

旅游目标市场的选择与定位是旅游品牌建设的基石。旅游资源作为吸引游客、满足其需求的核心要素，其特性和禀赋直接影响着目标市场的选择。因此，系统评估旅游资源对于细分市场的吸引力和适配性，是实现精准营销、提升品牌竞争力的关键一环。

从资源属性视角看，不同类型的旅游资源对游客的吸引力存在显著差异。

一般而言，独特性强、知名度高的资源，如世界遗产、5A级景区等，往往能够吸引更广泛的游客群体，其目标市场选择的空间相对更大。而一些特色鲜明但知名度相对较低的资源，如地方特色民俗、非物质文化遗产等，则可能更契合某些细分客群的偏好，如文化旅游爱好者、深度体验游客等。因此，旅游地应当立足资源综合评估，甄别不同类型资源的市场吸引力，有的放矢地瞄准特定细分市场。

从资源条件视角看，旅游资源的成熟度和可进入性也是影响目标市场选择的重要因素。对于一些开发较早、配套设施完善的成熟型景区而言，其服务大众游客的能力较强，在目标市场定位时可以采取相对宽泛的策略。而对于一些交通不便、基础设施薄弱的景区，在短期内大规模接待游客还存在现实困难，因此应当聚焦资源条件优势，锁定适配性更强的细分市场，如自驾游、生态旅游等。同时，景区还应加快旅游要素的完善和提升，不断拓展目标客群的外延。

从游客需求视角看，不同细分市场对旅游资源的偏好差异明显，这就要求旅游地充分把握市场脉搏，深入洞察各细分客群的核心诉求。例如，亲子游市场看重景区的互动性和教育性，中老年旅游则更注重服务的舒适性和安全性。只有紧密契合细分市场的独特需求，旅游地才能在同质化竞争中脱颖而出。因此，全面评估旅游资源与游客需求的适配性，对于实现差异化发展、锻造竞争优势至关重要。

旅游资源与目标市场的匹配还应考虑两者的动态演变。一方面，随着旅游开发的不断深入，资源内涵和吸引力也在发生变化；另一方面，市场需求也呈现出多元化、个性化的新趋势。因此，旅游地需要建立资源评估和市场调研的常态化机制，及时把握资源禀赋和市场偏好的变化，实现两者的动态匹配。只有在“变”与“不变”中寻求平衡，才能使旅游品牌的生命力历久弥新。

二、旅游目标市场定位的原则

（一）明确性原则

旅游目标市场定位必须遵循明确性原则，即确保市场定位清晰，目标顾客明确。这是旅游市场细分与目标市场选择的关键步骤，也是制定有效营销策略的前提条件。只有明确界定目标市场，才能针对性地设计产品、价格、渠道和促销组合，满足目标顾客的独特需求，从而在激烈的市场竞争中脱颖而出。

旅游目标市场的明确性首先体现在市场细分的科学性和针对性上。旅游市场是一个高度异质化的市场，游客在年龄、收入、职业、动机等方面存在显著差异。因此，旅游企业必须运用细分变量，如地理变量、人口统计变量、心理变量等，将整体市场划分为若干相对同质的子市场。这种细分应基于可衡量性、可及性、可区别性等原则，确保每个细分市场都具有独特的需求特征和消费行为。只有实现精准细分，才能为后续的目标市场选择提供依据。

在明确界定细分市场的基础上，旅游企业还需要评估各细分市场的吸引力，权衡自身资源禀赋，选择最具竞争优势和盈利潜力的目标市场。这一选择过程必须坚持聚焦原则，根据市场规模、增长率、竞争强度等指标，确定一个或几个重点目标市场。聚焦策略有助于旅游企业集中有限资源，深入洞察目标顾客需求，提供差异化的产品和服务。相比全面覆盖的散点策略，聚焦策略能够创造更大的顾客价值，赢得更高的顾客忠诚度。

明确性原则的另一重要体现是目标顾客画像的丰富性和生动性。旅游企业在锁定目标市场后，还需要深入了解目标顾客的人口特征、生活方式、消费偏好、出游动机等，构建立体鲜活的顾客画像。这种画像不应局限于抽象的统计数据，而应包含丰富的质性信息，如顾客的价值观念、审美情趣、休闲方式等。只有对目标顾客形成全面而细致的认知，才能洞察其潜在需求，设计出满足其独特期望的旅游产品。同时，生动形象的顾客画像也有助于营销人员开展定向传播，提高营销信息的覆盖率和到达率。

旅游目标市场定位的明确性还要求定位信息的清晰性和一致性。一个清晰而聚焦的定位信息应该包括目标顾客、关键利益点、竞争优势等核心要素，用简洁而富有感染力的语言表达出来。这种定位信息应该贯穿于产品设计、价格策略、渠道建设、促销活动等各个营销环节，保持高度一致性，塑造统一而鲜明的品牌形象。

（二）可行性原则

可行性是旅游目标市场定位过程中必须考虑的重要原则。市场定位策略再精准，如果不能有效落地实施，也将成为一纸空文。因此，在制定定位策略时，必须全面评估其可行性，确保定位目标与企业实际情况相匹配，为战略实施奠定坚实基础。

从资源配置的角度看，可行性评估需要考察企业是否具备实现目标定位所需的各类资源。这包括人力资源、财务资源、营销资源等多个方面。例如，瞄准高端市场的奢华酒店，必须配备训练有素的服务团队、豪华的硬件设施以及个性化的营销方案，而这些都需要雄厚的资金投入和长期的人才积累。如果企业在这些关键资源上存在短板，盲目制定高端定位策略，很可能难以为继，甚至危及企业生存。

从市场环境的角度看，可行性评估还需要考虑外部环境对目标定位的影响。这既包括宏观层面的经济形势、产业政策等，也包括微观层面的竞争格局、消费趋势等。例如，经济下行期，消费者的价格敏感度普遍增强，此时推出高价位的旅游产品，可能会面临销售困境。又如，某细分市场已经充斥着众多同质化竞争者，后来者再想进入并实现差异化定位，难度将大大增加。因此，只有紧跟市场环境变化，及时调整定位策略，才能保证其持续的可行性。

从能力基础的角度看，可行性评估还需要衡量企业是否具备实施定位战略的关键能力。这既包括企业整体的管理运营能力，也包括市场营销能力、品牌塑造能力等专项能力。以差异化定位为例，它要求企业能够洞察独特的消费者需求，设计与众不同的产品服务，并通过有效的市场沟通将差异化卖点传递给目标顾客。这一系列环节对企业的市场洞察力、创新研发力、营销传播力等都提出了较高要求。欠缺这些关键能力的企业，即便设计出了完美的差异化定位方案，也难以真正实施并取得成效。

可行性评估还需要权衡定位战略的成本收益。任何市场定位策略的实施都需要投入大量的资源和精力，而这种投入能否带来相应的回报，是企业必须考虑的问题。例如，某旅游景区为吸引年轻客群，决定打造网红打卡胜地，投入大量资金改造景观、聘请流量明星代言。然而，这些投入能否带来足够的游客增长和品牌美誉度提升，能否在合理时间内实现投资回收，都需要审慎评估。倘若盲目追随潮流，在成本收益分析不清晰的情况下贸然定位，可能会给企业带来难以承受的财务压力。

（三）吸引性原则

吸引性原则强调旅游目标市场选择与定位必须具备足够的吸引力，以确保旅游品牌建设与推广工作的有效开展。一个有吸引力的目标市场应该具备三个关键特征：市场规模、消费能力和成长潜力。

目标市场的规模是衡量其吸引力的重要指标。规模较大的市场意味着更多的潜在消费者，为旅游产品和服务提供了广阔的发展空间。

目标市场的消费能力是评估其吸引力不可或缺的因素。消费能力较强的游客群体不仅能够带来更高的经济效益，还能推动旅游产品和服务的升级换代。以奢华旅游市场为例，尽管其市场规模相对有限，但极强的消费能力使其备受旅游目的地和企业的青睐。据统计，奢华旅游市场的人均消费是普通旅游的3～5倍，对高端酒店、私人定制旅行、奢侈品消费等高附加值产品和服务有着旺盛需求，引领着旅游业的高质量发展。

目标市场的成长潜力也是判断其吸引力的关键依据。处于快速成长期的市场往往蕴藏着巨大的发展机遇，能够为旅游品牌的长远建设提供持续动力。以中国的年青一代游客为例，他们教育程度高、收入水平高，追求个性化、多样化的旅游体验，代表着未来旅游消费的主力军。有研究显示，90后、00后年轻人已经占到出境游客的60%以上，其在境外的消费额也呈现逐年上升的趋势。瞄准这一极具成长潜力的细分市场，对于旅游目的地和企业把握市场先机、赢得发展主动权至关重要。

三、旅游目标市场差异化定位策略

（一）利用市场细分创造独特性

旅游目标市场的细分是实现差异化定位的基础和前提。通过细分市场，旅游企业可以更加精准地了解和把握不同细分群体的需求特征、消费偏好和行为模式，从而为其量身定制独特的旅游产品和服务，创造差异化优势。具体而言，利用市场细分创造独特性主要体现在以下几个方面。

基于人口统计特征进行细分，针对不同年龄、性别、收入、教育程度等群体设计差异化的旅游产品。例如，针对年轻人推出主题鲜明、体验丰富的探险游产品；针对中老年人推出舒适安全、休闲养生的度假游产品；针对家庭客群推出亲子互动、增进感情的家庭游产品。通过满足不同细分市场的个性化需求，旅游企业可以创造出独特的市场定位和竞争优势。

基于地理区域特征进行细分，根据不同区域的资源禀赋、人文特色和发展水平，打造具有地方特色的旅游品牌。例如，云南可以围绕“彩云之南”的形象，重点发展民族风情游、生态休闲游等特色产品；海南可以依托独特的热带海岛资源，重点打造海滨度假游、康养医疗游等产品体系。区域特色鲜明的旅游品牌更容易获得消费者的认可和青睐，从而在市场竞争中脱颖而出。

基于消费心理特征进行细分，深入洞察不同细分群体的动机、偏好和决策过程，提供匹配其心理需求的产品和服务。例如，针对追求刺激和挑战的游客，设计惊险刺激的户外运动项目；针对渴望放松身心的游客，营造静谧舒适的休闲环境；针对希望彰显身份和品位的游客，提供奢华精致的尊享服务。通过对消费心理的精准把握和满足，旅游企业可以赢得更高的顾客满意度和忠诚度。

基于旅游行为特征进行细分，根据游客的出游方式、停留时间、消费水平等指标，提供差异化的旅游线路和配套服务。例如，针对自助游客，设计灵活自由的线路和预订模块；针对短线游客，精选精华景点，提高游览效率；针对高端游客，配备专属管家，提供一对一贴身服务。通过匹配游客的行为特征，旅游企业可以显著提升产品和服务的适配性，增强客户黏性。

（二）差异化定位的品牌策略

在激烈的旅游市场竞争中，差异化定位是旅游企业赢得竞争优势的关键。旅游企业只有建立起独特的品牌卖点，才能在消费者心中占据独特位置，从而脱颖而出。差异化定位的品牌策略要求旅游企业深入洞察目标市场需求，挖掘自身独特资源禀赋，并将其转化为难以模仿的竞争优势。

旅游企业要充分利用目标市场洞察，识别消费者尚未满足的独特需求。这需要企业跳出同质化竞争的思维定式，以创新的视角审视市场。例如，某旅游目的地在吸引年轻游客方面存在不足，旅游企业可针对这一细分市场，提供个性化、互动性强的旅游产品，如主题游、探险游等，以此建立差异化卖点。再如，随着健康生活理念的盛行，一些旅游企业瞄准健康养生市场，开发特色温泉、森林康养等产品，满足消费者身心健康的需求。

旅游企业要发掘自身独特的资源禀赋，将其打造成难以复制的核心竞争力。每个旅游目的地都有其独特的自然景观、人文底蕴、民俗风情等，这是差异化定位的宝贵资源。旅游企业要深入挖掘这些资源的价值，并以创新的方式将其转化为旅游产品。同时，在产品设计、服务提供、营销传播等方面，也要体现出这种与众不同的特色。例如，丽江凭借独特的自然景观和纳西族文化，成功塑造了“东方威尼斯”的品牌形象。丽江的旅游企业以此为卖点，开发了一系列具有纳西族特色的旅游产品，如纳西古乐、东巴文化体验等，吸引了大量追求文化体验的游客。

旅游企业要注重差异化品牌的持续塑造和传播。建立差异化卖点只是第一步，更重要的是让消费者感知和认可这种独特性。这需要企业在营销传播中，围绕差异化卖点展开，引导消费者形成鲜明的品牌联想。同时，差异化定位还要与企业的服务质量相匹配。只有提供优质的产品和服务，才能让消费者真正感受到差异化的价值，建立起品牌忠诚度。例如，迪士尼乐园以“欢乐”为核心卖点，在园区设计、人员服务、活动组织等各个环节，都围绕这一主题展开。独特的体验让游客形成了强烈的品牌认同感，这也是迪士尼持续吸引游客的秘诀所在。

差异化定位还需要企业保持战略定力和创新动力。随着竞争对手的模仿和市场环境的变化，原有的差异化优势可能逐渐弱化。旅游企业必须时刻保持警惕，持续追踪市场动态和消费者需求变化，不断强化和创新差异化卖点。只有在差异化道路上持续探索、勇于创新，才能建立起长期的竞争优势。

（三）差异化定位的价值传递

差异化定位是旅游品牌在激烈的市场竞争中脱颖而出的关键策略。然而，仅仅确立差异化定位还远远不够，更为关键的是要确保这些差异化优势能够有效地传达给目标消费者。只有当潜在顾客真正感知并认可品牌的独特价值，差异化定位才能真正发挥作用，为旅游品牌赢得竞争优势。

要实现差异化定位的价值传递，首先需要深入了解目标消费者的需求和偏好。旅游企业应该通过市场调研、数据分析等方式，全面掌握目标群体的旅游动机、消费习惯、媒体接触行为等信息。只有在充分了解顾客的基础上，才能有针对性地设计传播策略，选择恰当的传播渠道和方式，确保差异化价值能够精准触达目标受众。

旅游品牌应该围绕差异化定位，构建一套独特而统一的品牌形象识别系统。这包括品牌名称、标识、口号、视觉形象等要素，它们共同塑造了品牌在消费者心目中的独特印象。旅游企业要确保这些要素能够明确、生动地体现品牌的差异化价值主张，使消费者在接触品牌的各个触点时，都能感受到一致的品牌个性和价值诉求。

差异化价值的传递还需要借助多样化的营销传播手段。在当今信息爆炸的时代，单一的传播渠道很难吸引并留住消费者的注意力。旅游品牌应综合运用广告、公关、促销、数字营销等各种传播工具，通过整合营销传播策略，多维度、立体化地向目标受众展示品牌的独特价值。尤其要重视新媒体平台的利用，通过精准投放、互动传播等方式，提升传播效率和效果。

差异化价值传递的成效还取决于顾客实际的产品或服务体验。再精妙的传播策略，如果不能兑现品牌承诺，带给顾客卓越的消费体验，那么建立在其上的差异化优势也终将化为泡影。因此，旅游企业必须重视产品创新和服务品质提升，以优质的旅游产品和周到的服务作为差异化定位的基石。只有当顾客在实际体验中感受到品牌的独特价值，才能形成深层次的情感认同，成为品牌的忠实拥护者。

第三节　针对目标市场的旅游品牌推广

一、品牌推广在目标市场中的重要性

（一）增强品牌影响力

在目标市场中树立品牌形象对于增强品牌影响力至关重要。品牌形象是消费者对品牌的整体感知和评价，它反映了品牌的个性特征、价值主张和市场定位。一个积极向上、独特鲜明的品牌形象能够在目标消费者心中占据优势地位，提高品牌的辨识度和美誉度，从而扩大品牌影响力。

塑造良好的品牌形象需要企业在目标市场中持续不断地开展品牌传播和互动活动。首先，企业要深入洞察目标消费者的需求特点、消费习惯和价值取向，设计出契合其偏好的品牌形象。其次，企业要通过多渠道、立体化的营销传播，在目标市场中广泛传递品牌形象，提高品牌曝光率。最后，企业要积极倾听消费者的声音，通过与消费者的良性互动塑造亲和力，不断强化品牌形象。

旅游目的地要想在激烈的市场竞争中脱颖而出，必须重视目标市场的品牌形象塑造。一方面，旅游目的地要立足自身独特的旅游资源禀赋，凸显地域特色，打造有别于竞争对手的差异化形象。另一方面，旅游目的地要紧密结合目标客群的旅游动机和偏好，设计个性鲜明、感染力强的品牌形象，引发情感共鸣。比如，以家庭亲子游客为目标市场的旅游地，可以塑造欢乐、温馨、有爱的品牌形象。

在数字时代，旅游目的地更要善用社交媒体等新兴渠道，通过高频次、多样化的内容传播和互动，在目标市场中持续强化品牌形象。一些成功的旅游目的地还积极开展跨界合作，借助第三方强大的影响力和传播力，在目标客群中快速建立品牌形象。

（二）提高市场占有率

品牌推广在目标市场中扮演着至关重要的角色，它是提高市场占有率、撬动市场份额的关键举措。通过有针对性的品牌推广活动，企业能够在特定的目标市场中树立鲜明的品牌形象，吸引更多潜在消费者的关注，从而扩大品牌影响力。品牌影响力的扩大不仅能够带来短期的销售增长，更能够在目标市场中形成长期的竞争优势，为企业持续、稳定的发展奠定基础。

品牌推广对于提高目标市场占有率的作用机理主要体现在以下几个方面：首先，精准的品牌推广能够帮助企业锁定目标消费群体，深入洞察其需求偏好，以更加个性化、差异化的方式满足其需要。这种以消费者为中心的推广策略，能够有效提升品牌与目标消费者之间的契合度，增强消费者对品牌的认同感和忠诚度。其次，创新的品牌推广方式能够吸引更多潜在消费者的注意力，激发其对品牌的兴趣和好奇心。随着互联网和移动终端的普及，数字化营销已经成为品牌推广的重要方式。企业可以利用社交媒体、搜索引擎、在线广告等多种渠道，精准触达目标受众，引导其主动了解和体验品牌。最后，独特的品牌推广内容能够深化目标消费者对品牌的记忆和理解。优秀的品牌故事、视觉符号等，能够在消费者心智中建立起鲜明的品牌联想，提高品牌在同类产品中的辨识度和竞争力。

许多成功的品牌都是通过持续、有创意且定制化的推广活动扩大了其在目标市场中的份额。以可口可乐为例，这一百年品牌在全球范围内开展了大量富有创意的推广活动，从经典的“Share a Coke”姓名瓶，到与奥运会、世界杯等大型赛事的深度合作，无不切中不同国家、不同年龄段消费者的需求点，持续强化其作为“快乐 ”代名词的品牌形象，提高了其在碳酸饮料市场的占有率。类似地，耐克通过“Just Do It”这一震撼人心的品牌口号和大量明星代言，在全球体育用品市场确立了领导地位；宜家借助温馨、环保、简约的品牌理念和一系列围绕“家”展开的跨界营销，俘获了众多年轻消费者的心，成为家居行业的翘楚。

（三）实现品牌与消费者的高效对接

品牌推广在目标市场中的重要性不容忽视。精准触达目标群体，实现品牌与消费者的高效对接，是品牌推广的关键所在。目标市场是指企业选定的、最有可能购买其产品或服务的消费群体。通过对目标市场的细分和定位，企业可以集中资源，有的放矢地开展推广活动，从而提高推广效率，降低推广成本。

针对目标市场优化品牌推广策略有助于增强品牌影响力。在特定的目标市场中，消费者往往有相似的需求和偏好。通过深入分析目标市场的特点，企业可以量身定制推广方案，制作与目标消费者产生共鸣的推广内容。当品牌形象、产品卖点与目标消费者的需求契合时，品牌的认知度和美誉度就会大大提升，消费者也更容易对品牌产生信任和依恋，成为品牌的忠实拥趸。久而久之，品牌在目标市场中的影响力必将不断攀升，为未来的市场拓展奠定坚实基础。

针对目标市场优化推广有利于提高市场占有率。品牌推广的最终目的是推动销售，扩大市场份额。通过聚焦目标市场，品牌能够更精准地把握消费者的痛点和需求，开发出满足其需要的产品和服务。同时，有针对性的推广活动能够直击目标消费者的心理，激发其购买欲望，促成交易。当品牌在目标市场建立起良好的口碑时，消费者自发地推荐和分享又会带来更多潜在客户，从而撬动更大的市场份额。相比之下，缺乏目标市场导向的品牌推广往往投入大、见效慢，难以在竞争激烈的市场中突围而出。

优化的品牌推广还能促进品牌与目标消费者的高效对接。随着信息技术的发展和媒体渠道的丰富，现代消费者接触品牌信息的方式日趋多元。然而，在信息爆炸的时代，消费者的注意力变得越来越难以集中。如何在纷繁复杂的信息流中脱颖而出，吸引目标消费者的眼球，成为品牌推广的一大挑战。而深谙目标市场特点的品牌推广能够帮助企业作出正确的渠道选择，制定出击的时间节点，传递恰如其分的品牌信息。品牌与消费者的匹配度越高，触达的精准性就越强，转化的效率也就越高。

二、针对目标市场的旅游品牌推广策略规划

（一）确定推广目标

明确旅游品牌推广活动的具体目标和预期结果，是制定有针对性、高效率的推广策略的重要前提。旅游品牌推广的目标应该建立在对目标市场深入分析的基础之上，全面考虑目标消费者的需求特点、消费习惯和价值取向，从而提出切实可行、具有可操作性的推广目标。这些目标不仅要体现品牌的核心价值和独特卖点，更要与目标市场的消费心理和行为特征相契合，以增强推广活动

的针对性和感染力。

具体而言，旅游品牌推广活动的目标可以包括提升品牌知名度和美誉度、培养消费者品牌偏好、刺激消费者购买行为等多个层面。在提升品牌知名度方面，推广活动应着力加强品牌形象的曝光频次和影响力，通过多渠道、高频次的传播，使目标消费者对品牌产生深刻印象，建立起初步的品牌认知。而在培养消费者品牌偏好方面，推广活动则需要通过生动鲜活的内容呈现和情感诉求，唤起消费者的共鸣和认同，使其对品牌产生好感和信赖。至于刺激消费者购买行为，则要在前两个目标的基础上，进一步强化品牌的实用性和价值感，通过优惠促销、体验营销等手段，直接引导消费者作出购买决策。

旅游品牌推广活动的目标设定还应具有阶段性和动态性。由于消费者对品牌的认知和接纳是一个循序渐进的过程，推广活动的目标也应随着推广进程的推移而不断调整和深化。在初期，推广活动可以重点放在提升品牌知名度上，通过高强度的广告投放和媒体曝光，快速扩大品牌的影响力。而随着消费者对品牌的了解和认可不断加深，推广活动就可以适当转移重心，更多地关注如何巩固消费者的品牌忠诚度，通过个性化的互动和服务，增强消费者的品牌黏性。同时，推广活动的目标设定还应与品牌发展的长远规划相协调，既要立足当前，解决现实问题，又要放眼未来，为品牌的可持续发展奠定基础。

明确的推广目标和预期结果还能够为推广活动的实施提供清晰的方向和标准。一方面，它可以帮助企业合理配置推广资源，确保有限的人力、物力、财力等资源被用在刀刃上，发挥最大效用。另一方面，明确的目标也有利于推广效果的评估和优化，通过对比实际达成情况与预期目标的差距，及时发现问题，调整策略，不断提升推广活动的投入产出比。

（二）分析目标市场特征

深入分析目标市场特征是制定有针对性的旅游品牌推广策略的关键。旅游目标市场是指那些对特定旅游产品或服务有需求、有支付能力并且可以接触到的潜在游客群体。这一群体通常具有相似的人口统计学特征、心理特征和行为特征。只有全面了解目标市场的需求偏好、消费习惯、旅游动机等，才能设计出契合其期望的推广方案，实现精准营销。

目标市场分析的首要任务是明确市场细分变量。不同的细分变量会导致目标市场呈现出不同的特点。常见的细分变量包括地理变量（如居住地、气候条件）、人口统计学变量（如年龄、性别、收入、教育程度、家庭结构）、心理变量（如个性、生活方式、价值观）和行为变量（如购买行为、使用行为、忠诚度）。通过综合运用这些变量，可以勾勒出目标市场的基本轮廓。

在明确目标市场的基础上，还需要深入剖析其内在需求。这种需求可能是显性的，体现为对特定旅游产品或服务的偏好；也可能是隐性的，反映了游客对美好生活的向往和追求。洞察隐性需求，挖掘其中蕴含的商机，是旅游品牌推广的突破口。例如，针对追求健康生活方式的中老年群体，可以重点推广养生度假产品；针对渴望亲近自然、放松身心的都市白领，可以着力宣传生态旅游资源。唯有把握住目标市场的核心诉求，才能真正触动消费者的内心。

分析目标市场的行为特征也至关重要。这包括目标群体获取信息的渠道、作出购买决策的流程、旅游消费的频率和金额等。掌握这些行为数据，有助于优化营销组合策略。例如，如果目标群体主要通过社交媒体获取旅游信息，就应该加大在社交平台上的推广力度；如果他们习惯于短途周边游，就应该聚焦本地市场，强化区域营销。

（三）制定推广策略

基于对目标市场的深入分析，制定有针对性的品牌推广策略是旅游品牌建设的关键环节。这一过程需要营销人员充分理解目标消费者的需求偏好、消费习惯和决策行为，从而设计出最能触达和打动他们的推广方案。在当前数字化时代，大数据技术为我们精准洞察和描摹目标市场画像提供了强大工具。通过采集和分析消费者在线上平台的浏览、搜索、点击、购买等行为数据，能够全面了解他们的兴趣爱好、关注点、痛点难点等，从而为品牌推广策略的制定提供可靠依据。同时，从竞争对手的营销策略中也能获得有益启示。系统梳理分析其在目标市场的品牌定位、传播渠道、推广手段等，有助于找准差异化竞争的切入点，避免同质化营销的陷阱。

在明晰了目标市场特征的基础上，旅游品牌推广策略的制定还需紧密结合品牌自身的独特卖点和竞争优势。找准品牌价值主张与目标消费者需求的契合点，是推广策略奏效的关键。比如，对于追求刺激冒险的年轻消费群体，可以重点宣传景区的高空项目、速降体验等，突出品牌年轻时尚、充满活力的个性；而面对注重舒适度假的中老年游客，则可强调景区完善的医疗救援、车位充足等硬件设施，传递品牌贴心周到、安全可靠的形象。无论采取何种推广手段，都必须以品牌格调和受众喜好为依归，确保推广内容能引起目标消费者的共鸣。

制定旅游品牌推广策略还要充分考虑预算等资源约束，量力而行，避免盲目跟风。要根据品牌发展阶段、市场竞争态势等因素，权衡线上线下渠道的投放比例；要在保证投放频次和广度的同时，注重传播内容的精细化和创意化生产，提升转化率；要积极尝试社交媒体、KOL 种草、IP 联名等新兴营销方式，借力出圈扩大品牌影响力。同时，还要建立科学的投放效果评估体系，及时监测传播数据，调整优化策略，不断提升推广的投资回报率。

三、整合营销在品牌推广中的应用

（一）整合市场营销传播（IMC）的基本原理

整合市场营销传播是一种将各种营销传播手段组合成为一个协调一致、互相配合、互为补充的营销整体的现代营销理念。它强调营销传播的连贯性、统一性和一致性，旨在最大限度地提高营销传播的效率和效果。在品牌推广中，整合营销传播扮演着不可或缺的角色。

整合营销传播能够增强品牌信息传递的一致性。品牌推广的核心目标是塑造统一的品牌形象，传递清晰而有说服力的品牌主张。通过整合各种传播渠道，如广告、公关、促销、数字营销等，确保传递给目标受众的品牌信息保持高度一致，避免因信息混乱而削弱品牌形象。这种一致性有助于建立品牌的可信度和权威性，提升消费者对品牌的认知和信任。

整合营销传播能够实现传播渠道的互补和协同。不同的传播渠道各有所长，覆盖不同的目标受众群体。整合营销传播强调发挥各渠道的优势，形成互补和协同效应。例如，电视广告可以快速提升品牌知名度，而社交媒体营销则有利于与消费者互动，深化品牌体验。通过科学规划和整合各种渠道，品牌信息能够最大范围、高频次地触达目标受众，产生叠加放大的传播效果。

整合营销传播有助于优化营销预算，提高投入产出比。品牌推广通常需要投入大量的人力、物力和财力。整合营销传播强调对各项传播活动进行统筹规划和资源配置，避免重复投入和资源浪费。通过对不同渠道的投放效果进行跟踪评估，不断优化传播组合和预算分配，可以在有限预算内实现传播效果的最大化，提升品牌推广的投资回报率。

整合营销传播还能够增强品牌与消费者的互动和情感联系。现代消费者不再是被动的信息接收者，而是希望与品牌形成双向互动和情感共鸣。整合营销传播注重创造参与感和体验感，通过线上线下活动、内容营销、社交媒体互动等方式，鼓励消费者参与到品牌故事的创造和传播中来，建立起品牌与消费者之间的情感纽带，提升品牌忠诚度和美誉度。

（二）打造统一的品牌信息

在整合营销传播的实施过程中，打造统一的品牌信息至关重要。品牌信息的一致性不仅能够增强品牌识别度，提升品牌形象，更能够建立起消费者对品牌的信任和忠诚度。因此，旅游品牌在针对目标市场进行推广时，必须确保在不同渠道与媒体上呈现出统一、连贯的品牌信息。

统一的品牌信息应该涵盖品牌的视觉识别、文字表述、价值主张等多个方面。从视觉识别的角度来看，旅游品牌需要设计出独特、醒目的品牌标志，并在各种推广材料中持续使用，如宣传册、广告牌、官网设计等。品牌标志的色彩、字体、图形等设计元素都应体现出品牌的个性和价值取向，给目标消费者留下深刻印象。同时，品牌的文字表述也要保持高度的一致性，无论是广告语、宣传口号，还是新闻稿、软文等，都应围绕品牌的核心价值主张展开，用简洁有力的言语阐释品牌的独特卖点和竞争优势。

要实现品牌信息的统一，旅游品牌还需要建立完善的品牌管理体系。这包括制定品牌传播的标准和规范，明确品牌信息的表达方式、传播渠道和频率等；建立品牌资产管理库，集中管理品牌的各类设计元素和文案素材，确保它们在不同场合下的使用都能保持连贯性；定期开展品牌传播效果评估，及时发现和修正品牌信息传递中的偏差，不断提升品牌传播的精准度和有效性。

打造统一的品牌信息还需要企业上下的共同努力。品牌管理部门固然发挥着统筹协调的作用，但更需要营销、公关、客服等部门的通力配合。这就要求企业领导高度重视品牌建设，将品牌战略有效融入组织文化和业务流程之中，让每一位员工都能深刻理解品牌的内涵，并自觉地将其贯彻到日常工作中。只有形成合力，才能真正实现品牌信息在所有接触点上的高度一致。

对于目标市场而言，持续接触到统一的品牌信息，能够加深其对品牌的记忆和认知。久而久之，品牌在目标消费者心中的定位就会变得清晰而稳固，他们也更容易对品牌产生认同感和信任感。这种积累出来的品牌认知，将转化为强大的品牌资产，为品牌创造更多的价值。相反，如果品牌信息在传播过程中出现分歧或矛盾，则会对品牌形象造成巨大的负面影响，致使目标消费者产生困惑和疑虑，削弱其对品牌的信心，进而影响消费决策。

（三）测量和优化营销效果

随着媒体环境的日趋复杂和消费者接触点的不断增多，单一渠道的营销传播已难以取得理想效果。整合营销传播通过对品牌信息在不同媒介和渠道间的统一规划和协调，形成合力，放大传播效果，从而在消费者心中建立起一致、有说服力的品牌形象。这对于在竞争日益激烈的旅游市场中脱颖而出至关重要。

旅游产品和服务的体验性、无形性特点决定了消费者在作出购买决策前需要获取大量信息。整合营销传播通过多渠道、多层次地向目标受众传递产品卖点和品牌内涵，有助于促进潜在游客对旅游目的地和产品的了解，降低其感知风险，激发其出游意愿。与此同时，整合营销传播还能增强目标受众对品牌的认同感和信任度。通过一致、连贯的品牌形象塑造，消费者能够更加清晰地感知品牌个性和价值主张，产生情感共鸣，形成品牌偏好。

在实施整合营销传播时，首要任务是确立统一的传播目标和品牌主张。这需要旅游企业深入洞察目标市场，挖掘能够引起消费者共鸣的情感诉求和差异化卖点，并围绕这一核心创意设计传播内容和形式。无论是广告、公关、促销，还是新媒体互动，都应紧扣这一主题，保持风格、基调的一致性。唯有如此，才能确保传递给消费者的是一个统一、焕发生命力的品牌形象，而非支离破碎、自相矛盾的片段。

整合营销传播需要科学规划媒体组合，发挥不同媒介形式在触达、引导消费者方面的独特优势。以目标受众的媒介接触习惯为基础，综合考虑媒介的影响力、互动性、可信度等因素，优化媒体资源配置。在此基础上，还要强化跨媒介的信息串联，运用独特的创意元素和视觉符号，在不同媒介中植入关联线索，引导受众主动探索，充分调动其情感体验，加深品牌印象。

整合营销传播的关键在于实现与消费者的持续互动。这意味着传播不能仅停留在单向信息输出，而应通过个性化、参与式的沟通方式赢得消费者的青睐。社交媒体、体验式营销等新兴手段为旅游品牌提供了良机。通过开展形式多样的线上线下互动活动，邀请消费者参与到品牌故事创造中，不仅能增进与消费者的情感联结，还能带动口碑传播，放大品牌影响力。

衡量和优化整合营销传播效果是一个动态迭代的过程。基于大数据分析技术，旅游品牌可以实时监测传播过程中的受众反应，包括触达率、美誉度、转化率等关键指标。这些数据反映了传播策略在不同维度的效果，为动态调整决策提供了依据。品牌管理者应高度重视这一反馈机制，灵活运用测试方法，不断对比、优化传播内容和媒介组合，使其更加契合目标受众需求，提升投入产出效率。

四、线上线下相结合的推广策略

（一）利用线下活动建立品牌体验

利用线下活动建立品牌体验，是旅游品牌推广策略中不可或缺的重要环节。在数字化时代，线上营销固然重要，但线下活动所创造的切身体验和情感联结，却是线上渠道难以企及的。精心策划、面向目标市场的线下活动，能够全方位展示品牌个性，深化游客对品牌的认知和认同，为旅游品牌注入鲜活的生命力。

线下活动的设计应充分考虑目标市场的特点和需求。不同细分市场的游客在年龄、收入、消费习惯等方面存在差异，品牌活动需要有的放矢，才能产生共鸣。对于追求新奇刺激的年轻群体，可以举办主题鲜明、互动性强的体验活动；对于注重品质享受的成熟群体，则可以营造优雅舒适的品牌氛围。无论采取何种形式，活动都应与品牌定位紧密契合，传递一致的品牌信息。

具体而言，线下活动可以包括旅游路演、主题展览、品牌派对等多种形式。在旅游路演中，品牌可以生动展示旅游目的地的独特魅力，用沉浸式的体验吸引潜在游客；在主题展览中，品牌可以系统呈现旅游产品的特色和品质，提高专业度和信任度；在品牌派对中，品牌可以创造轻松愉悦的互动氛围，拉近与消费者的情感距离。不同类型的活动相互补充，多维度塑造立体的品牌形象。

线下活动不应是独立的推广事件，而应与整体营销策略相协调。活动的选址、时间、流程等要素，都应与目标受众的媒体接触习惯相匹配。通过线上线下的有机结合，品牌可以实现触点的最大化，增强推广效果。同时，活动效果的评估和反馈收集也不可忽视。品牌需要通过调研、数据分析等手段，评估活动对品牌认知、偏好、购买意愿等关键指标的提升，优化后续推广决策。

（二）线上营销的最佳实践

社交媒体和搜索引擎等线上工具的应用，为目标市场的品牌推广提供了高效便捷的渠道。在信息技术迅猛发展的时代，这些新兴媒体以其海量用户、精准定位、互动性强等优势，成为品牌触达目标受众、传播品牌信息的重要平台。旅游企业要充分认识和把握线上营销的巨大潜力，合理运用社交媒体、搜索引擎等工具，实现品牌推广效果的最大化。

社交媒体营销是线上品牌推广的重要抓手。通过在微博、微信、抖音等主流社交平台上建立官方账号，旅游企业可以持续输出优质内容，展现品牌形象，吸引目标受众的关注。同时，社交媒体的互动性和裂变传播特性，为品牌与消费者的双向沟通提供了便利。通过发起话题讨论、组织线上活动等方式，企业能够激发用户参与热情，引发口碑传播，不断扩大品牌影响力。值得一提的是，借助大数据分析技术，企业还可以精准锁定目标受众，实现千人千面的精细化营销。

搜索引擎营销则是利用搜索引擎强大的信息检索和用户聚合能力，提高品牌在目标市场中的曝光度和到达率。通过搜索引擎优化（SEO）、竞价排名等技术手段，旅游企业可以在百度、谷歌等主流搜索引擎上提升品牌的搜索排名，吸引更多潜在消费者的点击和访问。与此同时，在搜索引擎平台投放品牌广告，也能在用户的信息检索过程中自然植入品牌元素，引导目标受众形成品牌认知和偏好。可以说，搜索引擎营销既能满足用户主动搜索的需求，又能借助大数据算法实现精准推送，可谓品牌推广的利器。

（三）融合线上线下营销的优势

融合线上线下营销的优势，既能够提升品牌推广的广度，又能够增强消费者的品牌体验和互动。线上营销具有覆盖面广、传播速度快、成本相对较低等特点，利用互联网平台可以让品牌信息触达更多潜在消费者。同时，大数据分析技术能够帮助品牌精准定位目标受众，投放个性化广告。而线下营销则能够提供更加立体、直观的品牌体验，通过线下活动让消费者亲身感受产品的质量和特色，建立情感联结。

将线上线下营销有机结合，能够实现优势互补，产生“1＋1＞2”的协同效应。具体而言，品牌可以利用线上渠道吸引消费者关注，引导其线下体验，再通过线下活动留下深刻印象，激发消费欲望，最后借助线上平台实现销售转化。这种线上线下融合的营销方式，能够让消费者在多个触点与品牌产生互动，加深品牌记忆。

除了品牌自身开展线上线下融合营销外，与第三方平台合作也是大势所趋。例如，酒店、餐饮等行业借助美团、大众点评等本地生活服务平台，在线上推出优惠券吸引消费者，再通过高质量的线下服务打动顾客，提升口碑，带动二次消费。这种跨界合作不仅能够为品牌引入新客源，还能借助平台的流量优势迅速提升品牌知名度。

第五章 旅游品牌建设与市场推广的创新路径

第一节 技术创新在旅游品牌建设中的应用

一、技术创新对旅游品牌建设的影响

（一）增强品牌传播

技术创新在提升旅游品牌可见度和影响力方面发挥着不可替代的作用。随着信息技术的飞速发展，数字化传播已经成为品牌传播的主流方式。旅游企业必须紧跟技术发展步伐，借助创新技术手段，全方位、多角度地展示品牌形象，提升品牌知名度和美誉度。

数字营销是技术创新助力旅游品牌传播的重要领域。通过官方网站、社交媒体、移动 App 等数字化平台，旅游企业能够与潜在消费者建立直接、互动的沟通渠道。生动的图文、短视频等多媒体内容，能够直观、立体地展现旅游目的地的风土人情和独特魅力，吸引消费者的关注和兴趣。而个性化推送、精准投放等大数据营销技术，则可以根据消费者的兴趣爱好和行为习惯，提供量身定制的品牌信息和旅游产品，实现品牌传播的精准触达。

沉浸式体验技术的应用，为旅游品牌传播开辟了新的空间。VR、AR 等技术，能够打破时空限制，将旅游目的地的景观、文化等元素生动再现。游客可以身临其境地“云游”心仪的旅游胜地，亲身感受目的地的独特魅力。这种身临其境的体验，能够引发游客强烈的情感共鸣，增强其对品牌的认同感和向往度。同时，沉浸式体验还能激发游客的分享欲，通过口碑传播扩大品牌影响。

创新的营销互动方式，也是技术赋能旅游品牌传播的重要路径。例如，借助微信小程序等轻应用，旅游企业可以发起品牌相关的互动游戏、在线问答等活动，调动消费者参与的积极性。而点评系统、社区论坛等用户生成内容平台，则为消费者提供了评价、讨论旅游体验的渠道。通过引导、激励游客分享旅游见闻、真实感受，旅游企业可以获得宝贵的品牌口碑，提升品牌形象的公信力和感染力。

（二）优化旅客体验

新技术的应用为优化旅游服务体验、重塑旅客互动方式提供了广阔空间。在智能化时代，云计算、大数据、人工智能、虚拟现实等先进技术日新月异，为旅游业带来了前所未有的创新机遇。借助这些新技术，旅游企业可以更加精准、高效地洞察游客需求，提供个性化、智能化的旅游服务，全方位提升旅客体验。

云计算和大数据技术是优化旅游服务的重要基础。通过对海量旅游数据的采集、存储和分析，旅游企业能够深入洞察游客行为特征和偏好，精准把握市场动向。在此基础上，企业可以有针对性地设计和推送个性化旅游产品，提供更加贴心、周到的服务。同时，大数据分析还能帮助企业优化资源配置，预测游客流量，合理安排人员和设施，提高运营效率和服务质量。

人工智能技术的应用则为旅客互动带来了革命性变革。智能客服机器人可以24小时不间断地解答游客问题，提供行程规划、景点推荐等服务，大大提高服务效率和响应速度。语音识别、自然语言处理等AI技术的运用，让人机交互更加自然、友好，游客可以通过语音、文字等多种方式与智能系统互动，获得更加便捷、高效的服务体验。此外，基于AI的智能导览系统能够根据游客位置、偏好等信息，提供个性化的景点讲解和路线推荐，让游客享受到更加贴心、专业的导览服务。

虚拟现实和增强现实技术则为旅游体验带来了全新维度。通过VR设备，游客可以身临其境地感受目的地的风土人情，在出行前就对景区有更直观、立体的了解。AR技术的运用则让景区导览更加生动、互动，游客可以通过手机等移动设备，实时获取景点信息，参与互动游戏，体验沉浸式的旅游乐趣。这些新技术的应用不仅丰富了旅游体验的内容和形式，也为景区营销、品牌推广提供了新的思路和可能。

移动互联网的普及则让旅客互动更加便捷、实时。游客可以通过手机App、微信小程序等移动端，随时随地获取旅游信息，预订产品，分享体验。移动支付的广泛应用更是让旅游消费更加便捷、安全。旅游企业可以利用移动社交平台，与游客保持密切互动，及时了解其需求和反馈，提供更加精准、贴心的服务。同时，移动端也为游客间的互动、口碑传播提供了渠道，让优质旅游产品和服务可以更加高效地触达目标客群。

二、新技术在旅游品牌建设中的应用

（一）虚拟/增强现实技术

虚拟现实（VR）和增强现实（AR）技术在旅游品牌建设中的应用，为游客创造了独特而沉浸式的体验。这些前沿技术的引入，不仅革新了旅游产品的呈现方式，更深刻影响着旅游品牌的塑造和传播。通过VR和AR技术，旅游品牌能够打破时空限制，将景区的自然风光、人文历史、民俗风情等以更加直观、生动的方式呈现在游客面前，营造身临其境的感受。这种沉浸式体验不仅能够激发游客的兴趣和好奇心，更能引发其情感共鸣，加深对旅游目的地的理解和认同。

从品牌传播的角度来看，VR和AR技术为旅游品牌提供了一种创新的营销手段。通过制作精美的VR视频或AR应用，旅游品牌可以在潜在游客中广泛传播，吸引其关注和兴趣。与传统的图文、视频宣传相比，VR和AR营销内容更具互动性和参与感，能够有效提升游客的品牌记忆和好感度。同时，这些沉浸式体验还能激发游客的分享欲望，通过社交媒体等渠道进一步扩大品牌影响力。

在实际应用中，许多旅游景区和企业已经尝试将VR、AR技术融入游客服务和营销活动中。如某知名主题公园推出了VR过山车体验，让游客在家中也能感受到惊险刺激的乐园氛围；某历史文化名城开发了AR导览应用，游客只需用手机扫描景点，就能看到古城在不同历史时期的风貌变迁。这些创新的应用不仅丰富了旅游产品的内涵，更为旅游品牌注入了新的活力。

（二）移动技术

移动技术的发展日新月异，为旅游品牌建设带来了全新的机遇。随着智能手机的普及和移动互联网的渗透，移动营销已经成为旅游品牌传播的重要渠道。旅游企业如何借助移动技术的力量，开展精准、高效的品牌营销，已经成为业界关注的焦点。

移动技术为旅游品牌建设提供了丰富的营销工具和手段。首先，移动App已经成为旅游品牌与消费者互动的重要平台。通过开发功能完备、体验流畅的旅游App，企业可以为用户提供在线预订、行程规划、导航指引等一站式服务，提升品牌的便捷性和实用性。同时，App还能够实现会员管理、个性化推荐等功能，增强用户黏性和忠诚度。其次，移动社交媒体为旅游品牌营销开辟了新的渠道。微信、微博等社交平台聚集了海量用户，旅游企业可以通过建立官方账号，发布品牌信息、优惠活动，与用户进行实时互动，提升品牌曝光度和美誉度。最后，移动支付为旅游消费提供了更加便捷、安全的结算方式。通过与第三方支付平台合作，旅游企业可以为用户提供移动支付服务，简化消费流程，提升消费体验，增强品牌竞争力。

移动大数据为旅游品牌建设提供了精准营销的支撑。旅游企业可以通过收集、分析用户在移动端留下的行为数据，如搜索记录、浏览轨迹、消费偏好等，深入洞察用户需求，实现精准画像。基于大数据分析，企业可以开展个性化营销，根据用户的兴趣爱好、旅游偏好，推送定制化的旅游产品和服务，提升营销的针对性和转化率。同时，企业还可以利用大数据进行市场预测、产品优化，根据用户需求和市场趋势，及时调整营销策略，增强品牌适应性和竞争力。

移动技术还为旅游品牌建设提供了沉浸式体验的可能。随着VR、AR等技术的发展，旅游企业可以利用这些技术打造身临其境的旅游体验。例如，通过VR技术，用户可以在手机端实现360度全景游览，提前感受目的地的风景名胜，激发旅游兴趣。再如，利用AR技术，企业可以为用户提供实时导航、景点讲解等服务，丰富旅游体验，提升品牌互动性。沉浸式体验不仅能够吸引用户的注意力，还能够促进用户分享和口碑传播，为品牌营销注入新的活力。

移动技术在旅游品牌建设中的应用，还需要与其他营销策略相结合，形成合力。企业需要根据自身的品牌定位和营销目标，选择适合的移动营销渠道和工具，与线下营销相呼应，实现线上线下的融合发展。同时，移动营销的实施也需要遵循一定的原则，如尊重用户隐私、提供优质内容、注重互动体验等，以建立良好的品牌形象。

三、数字化营销与旅游品牌建设

（一）在线品牌互动平台

在数字时代，建立有效的在线品牌互动已成为旅游企业进行品牌建设的重要途径。随着互联网的普及和移动设备的广泛应用，越来越多的旅游者习惯于通过网络平台获取旅游信息、预订旅游产品、分享旅游体验等。因此，旅游企业必须深刻认识数字化平台在品牌建设中的重要作用，积极构建与旅游者互动交流的在线渠道，提升品牌影响力和美誉度。

旅游企业构建数字化平台，首要目标是为旅游者提供优质的在线服务和个性化体验。一个成功的数字化平台应该具备信息丰富、功能完善、界面友好等特点，能够满足旅游者在旅行前、旅行中、旅行后各个阶段的需求。在信息方面，平台应提供全面、准确、及时的旅游资讯，包括景点介绍、路线推荐、住宿餐饮、交通指南等，帮助旅游者制订合理的出行计划。在功能方面，平台应支持在线预订、支付、评价等服务，方便旅游者一站式完成旅游消费。在体验方面，平台应采用个性化推荐技术，根据旅游者的偏好和行为数据，提供量身定制的旅游产品和服务。

数字化平台的互动性是吸引和留住旅游者的关键。旅游企业应充分利用社交媒体、在线社区等工具，鼓励旅游者参与品牌互动，增强其对品牌的认同感和忠诚度。例如，企业可以通过官方微博、微信等平台，及时发布品牌动态，与粉丝互动交流；组织网上品牌活动，如线上问卷调查、抽奖、游戏等，提高粉丝参与度；邀请旅游者分享旅游体验和真实评价，以口碑效应带动更多潜在客户。同时，数字化平台还应成为企业倾听旅游者声音、收集反馈意见的重要渠道。通过在线客服、留言板等形式，企业可以及时响应旅游者的咨询和投诉，展现良好的服务态度，提升品牌形象。

数字化平台的视觉设计和内容呈现也是塑造品牌个性、传递品牌价值的有效手段。旅游企业应根据自身的品牌定位和目标受众，精心设计平台的色彩、布局、图文等视觉元素，突出品牌特色，吸引旅游者的注意力。例如，一家主打生态旅游的企业，可以在平台设计中大量使用绿色、自然、环保等元素，营造出“返璞归真”的品牌氛围；而一家定位高端奢华的旅游品牌，则可以采用金色、黑色等大气典雅的色彩，搭配精美的图片和视频，彰显品牌的尊贵品质。在内容创作方面，旅游企业应围绕品牌主题，策划制作富有吸引力和传播力的文章、图片、视频等，生动展现品牌文化和旅游产品的独特魅力，激发旅游者的兴趣和共鸣。

构建数字化平台是一项复杂的系统工程，需要企业在战略层面进行整体规划和持续投入。首先，企业高层必须形成共识，将数字化平台建设作为品牌战略的重要组成部分，纳入企业发展的总体规划之中。其次，企业应成立专门的团队负责平台的规划、开发、运营和维护，配备必要的人力、物力、财力资源，确保平台建设的高效推进和可持续发展。再次，企业应建立完善的数据管理和分析机制，充分挖掘平台积累的用户数据价值，洞察旅游者需求和行为特征，为营销决策和产品创新提供数据支持。最后，企业应密切关注数字技术的发展动向，积极引入移动支付、人工智能、虚拟现实等创新技术，不断提升平台的功能和体验，保持行业领先优势。

（二）数据驱动营销策略

数据驱动营销策略是将大数据分析与营销决策相结合，利用数据洞察指导品牌建设和市场推广的创新实践。在旅游品牌建设中，数据驱动营销的应用为品牌增长提供了新的动力和路径。通过收集、整合和分析各类数据，旅游企业能够更加全面、深入地了解消费者行为特征、偏好变化和市场趋势，从而制定出更加精准、有效的营销策略，实现品牌价值的持续提升。

数据驱动营销策略的核心在于从海量数据中挖掘有价值的信息和规律，用数据说话，以数据决策。旅游企业可以通过构建完善的数据采集和分析体系，收集官网、App、小程序等平台的用户行为数据，整合 CRM 系统、订单系统、客户反馈等多源异构数据，运用大数据、机器学习等技术手段进行深度挖掘和建模分析，形成对用户画像、消费行为、满意度等方面的洞察。基于这些数据洞察，旅游企业可以优化产品设计，改进服务质量，制订个性化营销方案，提升品牌美誉度和忠诚度。

以精准营销为例，传统的营销模式往往采取“广撒网”的策略，面向所有消费者投放广告，缺乏针对性和差异化。而数据驱动的精准营销则是根据消费者的个体特征和行为偏好，匹配最相关、最感兴趣的营销内容，实现“千人千面”的个性化推荐。通过对用户行为轨迹、消费历史、社交网络等数据的分析，旅游企业可以准确把握消费者的兴趣点和诉求，推送契合其需求的旅游产品和品牌信息，大幅提升营销的精准度和转化率。精准营销不仅能够吸引更多潜在客户，促进销售增长，更能增强客户黏性，培育品牌忠诚度。

数据驱动营销还为旅游品牌建设提供了及时优化调整的依据。品牌塑造是一个长期动态的过程，需要根据市场反馈和消费者响应及时调整策略。通过持续跟踪营销活动效果数据，收集消费者对品牌的评价反馈，旅游企业可以实时监测品牌健康度，发现问题并及时改进。例如，针对客户投诉较多的服务环节，企业可以有针对性地加强管理和培训；针对社交口碑中出现的负面言论，企业可以主动澄清并调整公关策略。数据驱动为品牌建设提供了及时反馈和闭环优化的机制，使品牌更加贴近市场，回应消费者需求。

数据驱动营销有助于旅游企业实现营销资源的最优配置。通过对营销渠道和投放效果的数据分析，旅游企业可以甄别出性价比最高的营销阵地，聚焦高转化率、低成本的渠道，提升营销的投资回报率。同时，数据分析还能帮助企业预测营销效果，合理制定营销预算，避免盲目投入和资源浪费。数据成为连接营销投入和产出的桥梁，让营销决策更加科学和高效。

四、大数据技术在旅游品牌建设中的作用

（一）助力品牌决策

大数据技术的迅猛发展为旅游品牌决策提供了前所未有的机遇。海量的客户数据蕴含着丰富的价值信息，成为企业洞察市场趋势、优化资源配置的“金矿”。通过对大数据的采集、存储、分析和应用，旅游品牌能够更加精准地把握客户需求，预测消费趋势，从而作出科学、合理的决策，提升品牌竞争力。

客户洞察是大数据助力品牌决策的重要方面。传统的客户研究往往局限于少量样本的调查和访谈，难以全面反映客户群体的真实画像。而大数据技术则能够实现对海量客户数据的采集和分析，包括人口统计学特征、消费行为、偏好习惯等，从而勾勒出更加立体、细致的客户画像。这为旅游品牌提供了“知己知彼”的决策依据。品牌可以根据不同客户群体的特点，制定差异化的营销策略，开发针对性的产品和服务，实现精准营销和个性化服务。同时，大数据还能帮助品牌发现潜在客户，挖掘新的市场机会，拓展客户边界。

市场趋势分析是大数据驱动品牌决策的另一重要方面。在瞬息万变的市场环境中，及时把握市场动向对于品牌生存发展至关重要。大数据技术能够实现对市场信息的实时采集和动态分析，包括竞争对手动向、行业发展趋势、消费者偏好变化等，为品牌决策提供前瞻性的参考。通过对海量数据的挖掘和建模，品牌可以预测未来市场走势，提前布局，抢占先机。同时，大数据还能帮助品牌发现市场“盲点”，识别被忽视的细分市场和创新机会，开拓新的增长点。

大数据驱动的决策还需要与企业实际相结合。数据分析结果只是决策参考，不能完全取代人的判断和经验。品牌决策者要综合考虑企业发展战略、资源禀赋、市场环境等因素，平衡数据分析与专家意见，作出审慎、科学的判断。同时，大数据决策也需要快速迭代和持续优化。市场瞬息万变，决策过程要保持动态调整，根据反馈结果不断修正和完善，形成“分析—决策—执行—评估—

再分析”的闭环，提高决策的针对性和有效性。

（二）实现个性化产品定制

在大数据时代背景下，个性化旅游体验的打造已经成为旅游品牌建设的重要方向和关键抓手。借助大数据技术的强大力量，旅游企业能够深入洞察游客的个性化需求，精准把握市场动向，进而实现旅游产品和服务的精细化定制，为游客提供独特、难忘的旅游体验。

大数据为个性化旅游体验打造提供了坚实的技术支撑。通过采集、整合、分析海量的游客行为数据，旅游企业能够全面了解不同游客群体的喜好、习惯和需求特点，并据此细分市场、聚焦目标客户。同时，大数据技术还能帮助企业实时跟踪游客在旅游过程中的行为轨迹和情感反馈，动态优化旅游线路设计和服务供给，使旅游体验更加贴合游客的个性化需求。

在个性化旅游产品定制方面，大数据技术发挥着不可替代的关键作用。借助对游客偏好数据的挖掘分析，旅游企业能够精准预测游客的潜在需求，提前设计、生产满足不同游客群体口味的个性化旅游产品。例如，针对追求刺激体验的年轻客群，可以开发极限运动主题的旅游线路；而面向注重文化内涵的中老年群体，则可以打造历史人文探索之旅。个性化的旅游产品不仅能为游客带来与众不同的体验，也有助于拓展旅游市场空间，提升品牌竞争力。

在个性化旅游服务供给方面，大数据同样扮演着至关重要的角色。通过构建游客画像，旅游企业能够详细记录游客的个人信息、旅游偏好、消费习惯等，并据此提供量身定制、精准匹配的旅游服务。例如，可以根据游客的饮食爱好推荐当地特色餐饮，满足他们对美食的渴望；又如，可以依据游客的出行方式和时间安排，灵活调整交通和住宿安排，最大限度地提升旅行的舒适度。个性化、人性化的旅游服务不仅能带给游客宾至如归的感受，更能增强其对旅游目的地和品牌的美好记忆，促进游客忠诚度的提升。

个性化旅游体验的打造离不开数据驱动下的精准营销策略。大数据技术为旅游企业的营销决策提供了强大的数据支持和智力支撑。通过分析游客的上网行为、社交媒体互动等数据，企业能够洞悉游客的关注点和兴趣所在，并据此投放个性化的营销信息和广告内容。同时，企业还可以利用大数据构建精准的客户关系管理系统，对不同类型的游客实施差异化的营销策略，提升营销的针对性和有效性。

个性化的旅游体验不仅能满足游客日益多元化、个性化的需求，更是推动旅游业转型升级、实现高质量发展的重要途径。在大数据时代，旅游企业必须紧跟时代步伐，充分运用大数据技术，加快个性化旅游产品和服务的研发创新。只有不断优化游客体验，以个性化、差异化的旅游产品赢得市场青睐，才能在激烈的市场竞争中脱颖而出，实现品牌价值的持续提升。

第二节 模式创新与市场拓展的探索

一、模式创新在旅游市场拓展中的意义

（一）打破传统框架

打破传统框架对于释放旅游市场新动能具有重要意义。随着经济社会的快速发展和人们生活水平的不断提高，旅游已成为大众化消费时代的重要组成部分。然而，传统的旅游业发展模式已难以适应新时代游客日益多元化、个性化的需求，亟须创新突破，重塑旅游市场生态。

从供给侧来看，传统的旅游产品和服务同质化严重，缺乏特色和吸引力。许多旅游企业仍沿袭“吃住行游购娱”的老套路，忽视了游客体验的优化和提升。这种千篇一律的模式不仅难以激发游客的消费热情，更无法实现可持续发展。因此，旅游企业必须突破思维定式，开发特色鲜明、内容丰富的旅游产品，提供个性化、高品质的旅游服务，以满足游客日益提升的消费需求。

从需求侧来看，随着消费观念的转变，游客对旅游的期望值越来越高。他们不再满足于走马观花式的观光旅游，而是追求深度体验和文化沉浸。这就要求旅游企业深入挖掘旅游资源的文化内涵，讲好旅游故事，营造沉浸式的旅游氛围。同时，要充分利用现代信息技术手段，为游客提供智能化、便捷化的旅游服务，提升出行体验。只有不断创新旅游业态和服务模式，才能真正激发市场活力，满足游客的多样化需求。

打破传统框架还有助于推动旅游业与相关产业融合发展。在经济新常态下，单一的旅游业发展模式已难以为继。旅游企业应主动跨界融合，与文化、体育、康养等产业深度结合，实现资源整合和优势互补。比如，发展体育旅游，将体育赛事、运动休闲与旅游景区相结合，打造独具特色的旅游产品；又如，推动文旅融合，将地方特色文化融入旅游活动中，提升文化旅游的吸引力和感染力。

这种跨界融合不仅能够丰富旅游业态，更能创造出巨大的市场空间和增长潜力。

（二）提高市场适应性

旅游市场的蓬勃发展为旅游品牌建设和推广提供了广阔空间，但也带来了新的挑战。随着消费者需求的日益多样化和个性化，传统的旅游产品和服务模式已难以满足游客的期望。因此，旅游企业必须深入洞察市场需求，不断创新旅游模式，以提高市场适应性，开拓新的发展空间。

旅游消费需求的多样性主要体现在出游目的、旅游方式、体验偏好等方面。不同年龄、职业、收入水平的游客对旅游产品和服务有着不同的期望。年青一代更偏好个性化、定制化的旅游体验，追求新奇刺激；中老年人则更看重舒适便捷、文化内涵。同时，随着生活节奏的加快，短途周边游、主题游日益受到青睐。旅游企业只有细分市场，针对不同消费群体的特点设计产品，才能有的放矢，提高顾客满意度。

创新旅游模式是提高市场适应性的关键。一方面，旅游企业要立足区域资源禀赋，深度挖掘当地特色，打造富有吸引力的旅游 IP。以文化、美食、康养等为主题，开发沉浸式、体验式旅游产品，满足游客多元化需求。另一方面，要借助大数据、人工智能等新技术，实现产品和服务的精准化、智能化。通过数据分析洞察游客行为，优化产品设计；利用智能导览、VR/AR 等技术丰富旅游体验，提升服务品质。唯有不断创新，才能紧跟市场趋势，赢得消费者青睐。

提高市场适应性还需要完善旅游服务体系，为游客提供全方位、一站式服务。在衣食住行游购娱各环节，旅游企业都应着力提升服务水平，打造无缝衔接的旅游体验。同时，要重视旅游过程中的情感关怀和人文关怀，通过贴心周到的服务，让游客感受到宾至如归的温暖。此外，建立完善的游客反馈机制，及时收集并响应游客意见，对存在的问题进行改进，也是提高顾客满意度，维系顾客忠诚度的重要举措。

（三）促进可持续发展

旅游品牌建设与市场推广的模式创新不仅能够释放旅游市场的新动能，打破传统框架的束缚，更能够提高企业适应市场变化的能力，积极响应游客日益多样化的消费需求。从长远来看，模式创新是旅游企业实现可持续发展，形成独特竞争优势的必由之路。

传统的旅游市场开发模式往往以单一的产品设计和营销策略为主，难以满足游客个性化、多元化的体验需求。而模式创新强调以游客需求为中心，通过产品、服务、营销等多个环节的优化组合，为游客提供更加丰富、更具吸引力的旅游体验。这种以需求为导向的创新理念，有利于旅游企业精准把握市场脉搏，快速响应游客期待，从而在激烈的市场竞争中脱颖而出。

模式创新还能够帮助旅游企业拓展全新的市场空间，开辟增长的“第二曲线”。随着旅游市场的不断细分和升级，一些新兴的细分市场和利基市场正在崛起，蕴含着巨大的发展潜力。而传统的旅游开发模式难以有效覆盖这些新兴市场，这就需要企业通过模式创新来重构产业价值链，开发出契合细分市场需求的专属产品和服务。这不仅能够为企业带来新的利润增长点，更能够提升品牌影响力，赢得更广阔的市场空间。

二、定制化旅游服务的模式创新

（一）定制化旅游服务的概念及其发展

定制化旅游服务是指旅游企业根据游客的个性化需求，量身打造适合其偏好的旅游产品和服务。这一概念的提出，源于旅游市场细分理论的发展和消费者需求的多样化趋势。随着经济社会的进步和人们生活水平的提高，游客对旅游品质的要求不断提升，越来越多地追求独特、高端、私密的旅游体验。与此同时，互联网技术的广泛应用也为旅游企业实现精准营销、个性化服务提供了便利条件。在这一背景下，定制化旅游服务应运而生，并呈现出蓬勃发展的态势。

定制化旅游服务的核心理念在于以游客为中心，充分尊重其个性化需求和偏好，提供灵活多样、品质优良的旅游产品和服务。与传统的标准化、批量化的旅游模式相比，定制化旅游服务更加注重游客的主体性和参与感，强调旅游过程的互动性和体验性。在定制化服务模式下，旅游企业需要与游客进行充分沟通，深入了解其需求特点，并据此设计个性化的旅游路线、活动安排和配套服务。这不仅能够为游客带来独特、难忘的旅游体验，也有助于企业树立差异化竞争优势，提升品牌美誉度和游客忠诚度。

定制化旅游服务的发展，对旅游企业的经营理念和服务模式提出了新的要求。企业需要转变传统的“以产品为中心”的思维方式，树立“以游客为中心”

的服务理念，将游客的需求和体验放在首位。同时，企业还需要加强与游客的互动沟通，建立常态化的客户关系管理机制，及时了解和响应游客的反馈意见。此外，定制化服务的实施还对旅游企业的资源整合能力和服务创新能力提出了更高要求。企业需要整合内外部资源，开发多样化、个性化的旅游产品，并不断创新服务方式和内容，以满足游客日益多元化、高品质化的需求。

定制化旅游服务的兴起，既是旅游市场发展的必然趋势，也为旅游企业转型升级提供了重要契机。在实践中，越来越多的旅游企业开始重视定制化服务的开发和推广，并取得了积极成效。例如，某知名旅行社推出的“私人定制”服务，为高端客户提供全方位、一对一的旅游规划和陪同服务，深受游客欢迎。又如，某在线旅游平台上线“量身定制”频道，依托大数据分析和智能算法，为用户自动匹配个性化的旅游路线和产品，极大提升了用户体验和购买转化率。这些成功案例充分证明，定制化旅游服务不仅能够满足游客日益个性化、多样化的需求，也能为旅游企业带来可观的经济效益和品牌价值。

（二）定制化服务模式下的旅游产品开发

定制化旅游服务模式为旅游产品开发提供了新的思路和方向。在这一模式下，旅游企业需要根据游客的个性化需求，量身定制独特的旅游体验。这不仅需要深入了解游客的兴趣爱好、生活方式和消费偏好，还需要整合各种旅游资源，设计出灵活多样的旅游产品组合。

传统的旅游产品开发往往以标准化、批量化为主，难以满足游客日益多元化的需求。而定制化服务模式则强调以游客为中心，根据其特定需求提供个性化的旅游解决方案。这就要求旅游企业具备敏锐的洞察力和创新能力，能够捕捉游客的潜在需求，开发出富有吸引力的定制化产品。

定制化旅游产品的开发需要建立在充分的市场调研基础之上。旅游企业要深入分析游客的出游动机、旅游偏好、消费能力等，划分出不同的细分市场，有针对性地设计产品方案。同时，还要关注游客的反馈意见，及时调整优化产品内容，以保证服务质量和游客满意度。

在产品设计过程中，旅游企业要充分挖掘当地特色旅游资源，融入文化、历史、自然等元素，打造独具特色的定制化旅游体验。例如，可以根据游客的兴趣爱好，设计主题鲜明的特色旅游线路，如红色旅游、生态旅游、文化旅游等；也可以针对不同年龄段、职业背景的游客，提供差异化的旅游服务组合，如亲子游、商务游、老年游等。

定制化旅游产品的开发还需要注重多方合作与资源整合。旅游企业要与交通、住宿、餐饮、景区等上下游企业建立紧密的合作关系，优化产业链条，提供一站式的旅游服务。同时，还要利用现代信息技术手段，建立线上线下相结合的服务平台，为游客提供便捷、高效、个性化的旅游咨询和预订服务。

（三）定制化服务的市场推广策略

在旅游市场日益激烈的竞争环境下，定制化服务的市场推广策略对于旅游企业的品牌建设和市场拓展至关重要。定制化服务是指根据游客的个性化需求，为其量身定制旅游产品和服务，以提供独特、难忘的旅游体验。这种服务模式能够有效满足现代游客日益多元化、个性化的需求，彰显旅游企业的专业性和贴心服务。

要实现定制化服务的有效市场推广，旅游企业需要深入洞察目标客户群体的特点和需求。通过大数据分析、问卷调查等方式，全面了解不同细分市场的游客偏好、消费习惯和痛点需求，进而有针对性地设计和推广定制化服务。例如，针对追求高品质、独特体验的高端客户，可以推出奢华私人定制旅行服务；而对于注重性价比、喜欢自由行的年轻客户，则可以提供灵活多样的自助定制平台。

在定制化服务的推广过程中，旅游企业还应注重营造良好的互动体验。利用社交媒体、移动应用等数字化营销工具，鼓励潜在客户参与定制化服务的设计过程，通过互动游戏、在线问卷等方式收集客户需求和反馈，让客户感受到参与感和体验感。同时，要注重塑造定制化服务的专属品牌形象，通过高质量的视觉设计、独特的品牌故事，传递专业、贴心、高端的服务理念，吸引目标客户群体的关注和认同。

口碑营销也是推广定制化服务的重要策略。通过优质的服务体验和贴心的客户关怀，提升客户满意度和忠诚度，鼓励客户主动分享定制化服务的美好体验，形成良性的口碑传播。可以邀请知名旅游博主、网红等体验定制化服务，通过他们的真实分享和推荐，扩大定制化服务的影响力和吸引力。

三、旅游市场拓展的新途径

（一）创新合作模式

创新合作模式的探索是旅游品牌建设与市场推广中不可或缺的重要环节。

在当今瞬息万变的市场环境下，单一的营销策略已难以应对日益激烈的竞争态势。旅游企业要立于不败之地，必须打破传统思维的藩篱，积极寻求跨界整合的发展路径，以创新的合作模式增强品牌影响力，拓展市场空间。

跨界整合是旅游品牌创新合作的重要方向。旅游业作为一个综合性极强的产业，与文化、体育、科技等领域有着天然的联系。通过与这些领域的深度合作，旅游企业能够实现资源的优势互补，创造出独特的产品体验。比如，旅游企业可以与文化机构合作，将地方特色文化元素融入旅游产品设计中，打造富有文化内涵的主题旅游线路；或者与体育组织联手，开发具有体育健身特色的旅游项目，吸引更多追求健康生活方式的消费者。这些跨界合作不仅能够丰富旅游产品内容，提升旅游体验质量，更能借助合作伙伴的影响力提高品牌知名度，吸引更加广泛的目标群体。

创新的合作模式还应着眼于全产业链的整合。传统的旅游合作往往局限于同业之间的横向联系，忽视了产业链上下游的纵向协同。而全产业链整合则强调旅游企业与交通、住宿、餐饮等相关行业的紧密配合，通过优化资源配置，提升服务效率，为游客提供一站式、全方位的优质体验。例如，旅游企业可以与航空公司达成战略合作，为游客提供便捷的出行服务；与酒店签订优惠协议，为游客提供舒适的住宿环境；与当地特色餐饮企业合作，让游客品尝到地道美食。全产业链的无缝衔接不仅能够最大限度地满足游客的多元化需求，更能形成独特的竞争优势，提升品牌美誉度和客户忠诚度。

创新合作模式还需要与时俱进，紧跟时代发展的步伐。在互联网时代，数字化转型已成为旅游业发展的必由之路。旅游企业要主动拥抱新技术，与互联网平台、科技企业展开深入合作，利用大数据、人工智能等手段优化营销策略，提升服务质量。例如，与在线旅游平台合作，借助其海量用户数据和精准推送能力，实现目标客群的精准识别和个性化营销；与科技企业合作，运用VR、AR等技术手段，为游客提供沉浸式的旅游体验；与社交媒体平台合作，鼓励用户分享旅游心得，营造良好的口碑效应。这些创新合作不仅能够顺应数字化浪潮，抢占市场先机，更能为传统旅游业注入新的活力，开辟新的增长点。

（二）利用大数据分析预测市场趋势

大数据时代的到来为旅游市场带来了新的机遇和挑战。海量的数据资源蕴含着丰富的市场信息和消费洞察，成为旅游企业制定营销策略、优化产品服务的宝贵资源。通过对大数据的采集、存储、分析和应用，旅游企业能够更加精准地把握市场动态，预测消费趋势，为决策提供科学依据。这不仅有助于提升旅游企业的经营效率和竞争力，更能为游客带来更加个性化、智能化的旅游体验。

具体而言，大数据分析可以帮助旅游企业全面洞察游客的消费行为和偏好。通过对游客搜索、浏览、预订等在线行为数据的挖掘，企业能够深入了解不同细分市场的特点和需求，从而有针对性地开发旅游产品，优化营销策略。例如，通过分析游客的搜索关键词和浏览记录，企业可以发现热门目的地、热门景点，以及游客对旅游产品的偏好变化，及时调整产品结构和营销方向。同时，大数据还能帮助企业识别潜在的目标客户，通过精准投放广告和个性化推荐，提高营销的转化率和投资回报率。

在旅游市场预测方面，大数据分析同样大有可为。传统的市场预测主要依赖历史数据和经验判断，难以适应当前市场的快速变化。而大数据分析则能够整合多源异构数据，如节假日、社交媒体等，构建更加科学、实时的预测模型。通过对这些数据的关联分析和机器学习，企业能够准确预测未来一段时间内的游客流量、消费水平、市场热点等，为产品规划、资源调配、价格优化等决策提供参考。特别是在面对突发事件或特殊时期时，大数据分析可以帮助企业快速评估影响，调整经营策略，最大限度地降低风险，把握机遇。

大数据分析还是提升游客体验、实现智慧旅游的重要途径。通过整合游客的位置、偏好等数据，企业可以为游客提供个性化的旅游推荐和导航服务，提高旅游体验的便捷性和满意度。同时，企业还可以利用大数据分析优化景区管理，如实时监测客流量、动态调配资源、缓解景区拥堵等，为游客创造更加舒适、有序的旅游环境。大数据还能够促进旅游企业间的协同，实现信息共享和业务联动，为游客提供一站式、无缝衔接的旅游服务。

（三）创意营销活动

创意营销活动是旅游品牌建设与推广的重要手段，它通过独特、新颖的创意设计和精心策划，为游客带来难忘的体验，提升旅游品牌的知名度和美誉度。在创意营销活动设计中，应充分考虑旅游目的地的特色资源、文化内涵和目标市场需求，精心提炼核心创意理念，并围绕这一理念开展系列主题活动。同时，创意营销活动还需注重互动性和参与性，鼓励游客主动参与、亲身体验，增强活动的吸引力和感染力。

创意营销活动的形式多种多样，包括主题节庆活动、体验式营销、跨界合作等。主题节庆活动通常以独特的地域文化为依托，如丽江古城的纳西古乐节、敦煌的胡杨林旅游节等，让游客在欣赏美景的同时感受当地风土人情。体验式营销则强调游客的主动参与和互动体验，如海南三亚亚特兰蒂斯酒店的水世界主题乐园，游客可以尽情畅游，感受水上运动的乐趣。而跨界合作则是旅游品牌与其他行业品牌的联合营销，通过资源共享、优势互补，实现多方共赢。如故宫博物院与可口可乐、敦煌研究院与故宫淘宝等跨界合作，不仅扩大了品牌文化的传播范围，也为合作品牌带来了新的创意灵感和营销思路。

创意营销活动的传播效果直接影响着旅游品牌的美誉度和影响力。在新媒体时代，旅游品牌更应重视创意营销活动的网络传播，利用微博、微信、短视频等社交平台，鼓励游客分享旅游体验、传递品牌理念。同时，旅游企业还可以与网红、知名博主等合作，借助其影响力和传播力，扩大创意营销活动的受众范围。此外，创意营销活动的线下传播也不容忽视，如通过户外广告、旅游展会、城市推介会等方式，多渠道、立体化地展示旅游品牌形象，吸引更多游客的关注。

四、线上线下融合的旅游市场拓展策略

（一）构建线上线下一体化旅游平台

构建线上线下一体化旅游平台是旅游业创新发展的必然趋势。在信息技术高度发达的今天，越来越多的旅游企业意识到，单纯依靠线下资源已难以满足游客日益多元化、个性化的需求。线上平台的建设，为旅游企业提供了拓展市场、优化服务的新途径。通过整合线上线下资源，旅游企业能够实现全方位、立体化的品牌建设与市场推广，为游客提供更加便捷、高效、优质的旅游体验。具体而言，线上线下一体化旅游平台的构建需要从以下几个方面入手。

旅游企业应充分利用互联网技术，搭建功能完善、界面友好的线上旅游平台。该平台不仅要提供丰富的旅游产品信息，如景点介绍、线路设计、酒店预订等，还要为游客提供在线咨询、在线支付、在线投诉等一站式服务。通过线上平台，旅游企业可以向更广泛的潜在客户展示自身优势，提升品牌知名度和美誉度。

旅游企业应注重线上线下渠道的无缝对接。线上平台不应是独立于线下资

源的虚拟空间，而应成为连接线上线下的纽带。例如，旅游企业可以在线上平台发布优惠券、折扣信息，吸引游客线下消费；也可以将游客的线上浏览、咨询记录与线下服务挂钩，为其提供更加个性化、贴心的服务。通过线上线下的有机融合，旅游企业能够最大限度地发挥两种渠道的优势，实现“1＋1＞2”的协同效应。

旅游企业应重视线上数据的积累与分析。线上平台记录了海量的用户行为数据，如浏览记录、搜索关键词、交易记录等。通过对这些数据的挖掘与分析，旅游企业可以洞察游客的偏好、习惯、需求，从而优化产品设计、改进服务质量、制定精准营销策略。大数据分析不仅能够为旅游企业的决策提供依据，也能够为游客提供更加个性化、智能化的旅游推荐服务。

旅游企业应注重线上线下品牌形象的一致性。无论是线上平台的视觉设计，还是线下服务的质量标准，都应体现出企业的核心价值观和独特个性。品牌形象的一致性，有助于增强游客对企业的信任和忠诚度，提升企业的品牌溢价能力。同时，统一的品牌形象也能够为企业跨地域、跨业态的发展奠定基础，助力企业实现可持续增长。

（二）线上营销与线下体验的无缝连接

线上营销与线下体验的无缝连接是旅游品牌建设与市场推广的重要创新路径。在数字时代，线上营销已经成为旅游企业触达消费者、传递品牌价值的关键渠道。通过官方网站、移动应用、社交媒体等平台，旅游企业能够以丰富多样的形式展示旅游产品和服务，吸引潜在消费者的注意力。同时，大数据技术的应用使得线上营销更加精准化和个性化，旅游企业可以根据消费者的浏览行为、搜索记录等数据，推送符合其偏好的旅游信息和产品推荐，提高营销的转化率。

然而，线上营销的效果终归要落实到线下体验上。旅游产品的核心价值在于为消费者提供独特、难忘的旅游体验，这需要线下服务的有力支撑。因此，旅游企业必须重视线上线下的融合，将线上营销与线下体验无缝连接起来。一方面，线上营销应当真实、准确地反映线下旅游产品的特色和亮点，避免夸大其词或虚假宣传，以免损害消费者信任。另一方面，线下服务应当兑现线上营销的承诺，提供优质、专业的旅游体验，让消费者感受到物超所值。

为实现线上线下的无缝连接，旅游企业可以采取多种创新策略。首先，构建线上线下一体化的旅游服务平台，实现旅游产品的在线预订、支付、客服等功能，方便消费者随时随地了解和购买旅游产品。其次，利用移动互联网技术，开发旅游导览、景点讲解、互动游戏等应用，丰富游客的线下体验，增强旅游产品的吸引力。最后，整合线上线下数据，建立完善的客户关系管理系统，根据游客的消费行为和反馈意见，提供个性化的旅游推荐和专属服务，提升顾客满意度和忠诚度。

旅游企业还应注重线上线下活动的联动。例如，在节假日或特殊时期，推出线上抢购、秒杀等促销活动，吸引消费者线下体验；或者举办线下主题活动，通过线上直播、互动等形式吸引更多消费者参与。这些创新营销方式不仅能够提高旅游产品的知名度和美誉度，也能为消费者带来更加丰富、有趣的旅游体验。

（三）利用数字技术提升服务质量与效率

数字技术的迅猛发展为旅游服务质量的提升和运营效率的优化提供了崭新路径。互联网、大数据、人工智能等新兴技术日新月异，深刻影响着旅游业的发展轨迹。在这一背景下，旅游企业必须紧跟时代步伐，积极拥抱数字化变革，方能在激烈的市场竞争中立于不败之地。

旅游服务质量的提升离不开数字技术的赋能。传统的旅游服务模式往往存在信息不对称、服务标准化程度低等问题，难以满足游客日益多元化、个性化的需求。而数字技术的应用为破解这一难题提供了钥匙。通过构建智慧旅游平台，旅游企业可以实现信息的高效收集、处理和共享，为游客提供更加精准、便捷的服务。例如，利用大数据分析技术，旅游企业可以深入洞察游客的偏好特征，预测其潜在需求，从而提供个性化的旅游产品和服务推荐。又如，借助人工智能技术，旅游企业可以开发智能客服系统，实现 24 小时不间断的游客咨询服务，大大提升服务响应速度和质量。

数字技术在提升旅游运营效率方面也大有可为。传统的旅游运营模式往往存在流程复杂、环节冗余等问题，导致运营成本高企、效率低下。数字化转型为破解这一困境提供了思路。通过引入数字化管理系统，旅游企业可以实现业务流程的优化重组，减少不必要的中间环节，提高运营效率。例如，利用物联网技术，旅游景区可以实现智慧化管理，对游客流量、设施设备运行状况等进行实时监测和调度，提高景区运转效率。再如，通过数字化营销手段，旅游企业可以精准触达目标客群，降低获客成本，提升营销转化率。

第三节　文化创新与旅游品牌特色的打造

一、文化创新在旅游品牌建设中的重要性

（一）应对全球化挑战的品牌差异化需求

在全球化浪潮的冲击下，旅游业面临着前所未有的机遇和挑战。一方面，全球化促进了人员、信息、资本的跨国流动，为旅游业的发展提供了广阔的市场空间；另一方面，全球化也加剧了旅游目的地之间的竞争，对旅游品牌建设提出了更高的要求。在这一背景下，如何通过文化创新构建独特的品牌身份，成为旅游业可持续发展的关键命题。

文化是旅游品牌塑造的灵魂。每一个旅游目的地都有其独特的历史传统、风土人情、价值观念，这些文化元素构成了旅游地的核心吸引力。然而，在全球化时代，单纯依靠固有的文化资源已经难以形成差异化优势。旅游品牌要想在激烈的市场竞争中脱颖而出，必须立足本土文化，进行创新性的开发和利用。只有不断挖掘文化内涵，提炼文化精髓，以创新的方式呈现，才能使旅游品牌焕发出新的生命力。

文化创新是一个系统工程，需要在多个维度同步推进。首先，要深入发掘本土文化资源，梳理其中最具代表性、最能彰显地域特色的文化元素，如历史人物、民间故事、传统节庆、手工艺品等。在此基础上，运用现代科技手段和艺术创意，赋予传统文化以全新的表现形式和当代价值，使其为更多游客所喜爱和认同。其次，要围绕核心文化元素，讲述动人的故事，营造身临其境、魅力独特的旅游体验。故事应彰显人文内涵，又兼具趣味性，让游客在潜移默化中感悟文化的力量。最后，要发挥文创产品的载体作用，通过特色商品、主题活动等，将文化融入旅游服务的各个环节，提升游客的参与感和获得感。

文化创新为旅游品牌注入了鲜明的个性和活力，但要真正构建独特的品牌身份，还需注重品牌传播和维护。一方面，要充分利用新媒体平台，生动鲜活地展示品牌形象，提高知名度和美誉度；另一方面，要加强品牌管理，确保旅游服务质量与品牌定位相匹配，维护良好口碑。此外，还要重视与游客的情感联结，通过个性化、人性化的服务，增强游客的认同感和忠诚度。

（二）提升旅游目的地竞争力

旅游目的地的文化创新与品牌特色塑造密切相关，两者相辅相成，共同提升了旅游目的地的竞争力和吸引力。文化创新为旅游品牌注入了独特的内涵和魅力，使其在激烈的市场竞争中脱颖而出。通过挖掘和利用本土文化资源，结合创新的表达方式和传播渠道，旅游目的地能够打造出富有特色和吸引力的品牌形象。这种基于文化创新的品牌塑造，不仅能够提升游客的认知度和美誉度，更能引发情感共鸣，增强游客的体验感和满意度。

鲜明的品牌特色也为旅游目的地的文化创新提供了广阔的舞台和持续的动力。一个成功的旅游品牌，必然蕴含着丰富而独特的文化内涵。这些内涵不仅体现在旅游产品和服务中，更渗透到目的地的方方面面。为了维系品牌特色，旅游目的地需要持续进行文化创新，在传承传统文化的基础上，不断注入新的时代元素，创造出符合游客需求和审美趣味的文化产品。这种品牌驱动下的文化创新，既丰富了旅游体验，又促进了目的地文化的发展和繁荣。

文化创新与品牌特色的良性互动，为旅游目的地竞争力的提升开辟了广阔的空间。在当今旅游市场中，单纯依靠自然景观或基础设施已难以取得竞争优势。游客更加青睐那些具有独特文化魅力、能够带来多样化体验的目的地，而文化创新恰恰是打造品牌特色、提升吸引力的利器。通过创新性地开发文化旅游产品，讲好本土文化故事，营造沉浸式的文化氛围，旅游目的地能够吸引更多高品质游客，并形成以文化为核心的差异化优势。

除了直接提升游客体验外，文化创新与品牌特色还有助于拓展旅游目的地的发展空间。在文旅融合的大背景下，许多目的地纷纷布局文化产业，以文化的生产性为旅游注入新的增长点。而鲜明的旅游品牌特色，能够为当地文化创意产业的发展提供有力支撑，吸引更多的文创企业和人才聚集。反过来，高质量的文创作品又能丰富旅游内容，延伸游客体验，形成文旅互促的良性循环。这种以文化创新为纽带、品牌特色为引擎的发展模式，正在成为越来越多旅游目的地的战略选择。

（三）增强旅游体验和满意度

文化创新对于提升旅游体验和满意度具有重要意义。旅游目的地的文化特色是吸引游客的重要因素，独特的文化元素能够为游客带来与众不同的体验。

通过挖掘和创新当地文化资源，旅游目的地能够打造出令人难忘的旅游产品和服务，让游客在感官、情感、认知等多个层面获得满足。

从感官体验来看，创新的文化元素能够带给游客视觉、听觉、味觉等方面的享受。例如，别具一格的建筑风格、绚丽多彩的民俗表演、地道诱人的特色美食，都能给游客留下深刻印象。而这些感官体验的获得，离不开对传统文化的创新演绎。只有在传承的基础上不断创新，才能使文化符号焕发新的活力，吸引游客的眼球。

从情感体验来看，文化创新有助于唤起游客的情感共鸣。每一种地域文化都蕴含着独特的历史记忆、价值观念和审美情趣，游客在旅游过程中能够感受到不同文化的魅力，产生情感上的触动。而文化创新正是搭建情感沟通桥梁的关键。例如，通过讲述动人的地域故事，再现历史场景，创新文化体验形式，能够拉近游客与目的地之间的情感距离，引发共情。

从认知体验来看，文化创新为游客提供了学习和探索的机会。旅游不仅是一种休闲放松的方式，也是一个了解不同文化、拓宽视野的过程。创新的文化旅游产品，如主题博物馆、文化遗址公园、非物质文化遗产展示等，能够满足游客对知识的渴求，提供丰富的认知体验。

文化创新还能促进游客的参与和互动，提升旅游体验的主观能动性。传统的旅游方式往往以观光为主，游客更多扮演着旁观者的角色。而在文化创新的推动下，游客能够参与到文化体验的过程中，如学习传统手工艺、参加节庆活动、体验民俗风情等。这种身临其境的互动参与，不仅增强了旅游体验的趣味性，也让游客更加深入地理解和欣赏当地文化。

二、地域文化与旅游品牌特色的结合

（一）挖掘本土文化资源

挖掘本土文化资源是旅游品牌特色打造的重要途径。每一个旅游目的地都有其独特的地域文化，蕴含着丰富的品牌特色元素。这些元素可能来自当地的历史传说、民俗风情、建筑艺术、饮食习俗等，构成了旅游目的地的文化基因。深入发掘和提炼这些文化基因，将其转化为旅游品牌的独特标识，是塑造旅游品牌差异化优势的关键。

旅游品牌特色来源于旅游目的地的地域文化精髓。一方水土养一方人，特定的地理环境、历史变迁、生产生活方式等因素交织影响，孕育出独具特色的地域文化。这种地域文化浸润在当地居民的价值观念、行为方式、审美情趣之中，体现在物质文化遗产和非物质文化遗产之上。旅游品牌要确立自身的特色定位，必须立足地域文化的深层内核，萃取出最能代表当地文化特质的精华元素。这些元素可以是一段动人的历史故事，一座富有传奇色彩的建筑，一种独特的民俗活动，或是一件寄托着乡愁记忆的手工艺品。它们虽然形式多样，但都承载着浓郁的文化底蕴，彰显着鲜明的地域特色。

要将地域文化资源转化为旅游品牌特色，需要对其进行创造性的提炼和诠释。这是一个从文化到品牌的价值转化过程，旨在萃取地域文化的精髓，并以符合现代审美和消费需求的方式呈现出来。在这一过程中，文化内涵是核心，创意表达是关键。提炼地域文化精髓，要在深入考察、系统梳理的基础上，识别出最具代表性、最能打动人心的文化符号和价值理念。这需要跳出本位主义的思维定式，以发展的眼光、多元的视角来重新审视和发现本土文化的价值。与此同时，创意表达同样不可或缺。单纯的文化符号堆砌，难以产生情感共鸣和品牌认同。只有赋予其鲜活的时代气息，以创新的表现形式、生动的叙事方式来传达文化内涵，才能引发游客的兴趣，树立起独特的品牌形象。

地域文化资源的品牌化应用，需要在旅游产品设计、营销传播、游客体验等方面进行全面统筹。将提炼出的文化精髓融入旅游产品设计之中，打造具有鲜明文化特色的吃、住、行、游、购、娱项目，让游客在身临其境中感受独特的地域文化魅力。同时，文化元素还应渗透到品牌营销传播的方方面面，通过故事化的内容表达、情境化的氛围营造，让文化符号成为旅游品牌的视觉标识和情感纽带。而在游客体验层面，更要注重文化体验的深度和广度，通过参与性、互动性的体验项目设计，激发游客的文化认同和情感共鸣，提升旅游体验的文化内涵和审美品位。

（二）创造地域品牌故事

在旅游品牌建设中，创造契合地域文化特色的品牌故事是一项至关重要的工作。旅游目的地往往拥有独特的历史渊源、文化底蕴和自然风貌，这些元素构成了旅游地的独特魅力。而品牌故事正是将这些元素有机结合，赋予旅游品牌生命力和感染力的关键。一个精心打造的旅游品牌故事，能够吸引游客的注意力，引发其情感共鸣，进而产生亲近感和认同感。

旅游品牌故事的创造需要深入挖掘目的地的文化内涵。每一个旅游目的地都有其特定的历史背景、人文传统和价值观念，这些构成了目的地文化的基本要素。旅游品牌故事应该立足于这些要素，提炼其中最具代表性、最能打动人心的部分，并以生动的叙事方式呈现出来。例如，丽江以纳西族东巴文化为基础，塑造了“失落的香格里拉”的品牌形象。这一品牌故事不仅体现了纳西族独特的民族文化和生活方式，更唤起了人们对美好生活的向往和追求。类似地，西安以千年古都的历史底蕴为依托，讲述了一个个动人心弦的文化故事，如“大唐盛世”“丝绸之路”等，极大地丰富了西安这一旅游品牌的内涵。

在旅游品牌故事的创造过程中，还需要注重故事情节的设计和表现形式的创新。一个优秀的旅游品牌故事应该具有吸引力和感染力，能够引发游客的兴趣和共鸣。这就要求故事情节紧凑、曲折，充满悬念和动感，同时又蕴含着深刻的文化内涵。此外，还需要运用多种表现形式，如文字、图像、视频等，多角度、立体化地展现品牌故事，提升游客的沉浸感和代入感。值得借鉴的是《清明上河图》这一宋代著名画卷所衍生出的系列文化旅游产品。通过动画、实景演出、互动体验等多种形式，游客可以身临其境地感受到宋代汴京的繁华与活力，品牌故事的魅力由此得到了极大彰显。

创造契合地域特色的旅游品牌故事，是一个系统工程，需要旅游目的地管理者的高度重视和专业化运作。首先，要成立专门的品牌故事策划团队，吸纳文化、历史、旅游、营销等多领域的专业人才，为品牌故事创造提供智力支持。其次，要广泛收集、整理目的地的历史文献、文化遗产、口碑传说等，为品牌故事素材积累奠定基础。再次，要本着尊重文化、弘扬文化的原则，慎重对待当地文化符号，避免过度商业化倾向。最后，还要加大品牌故事的宣传推广力度，利用新媒体平台加大传播范围，提高品牌美誉度和影响力。

（三）塑造地域文化标志性符号

地域文化是塑造旅游品牌特色的重要元素，对于打造具有鲜明识别度和独特吸引力的旅游目的地至关重要。在旅游品牌建设中，充分挖掘和利用地域文化资源，并以视觉符号的形式予以呈现和传达，能够有效增强旅游品牌的文化内涵，提升其感染力和号召力。

视觉符号是人类认知世界的重要方式，也是文化传播的重要媒介。在旅游品牌建设中，精心设计富有地域特色的视觉符号，能够直观、生动地诠释当地的文化内涵，激发游客的好奇心和探索欲。这些视觉符号可以包括旅游景区的标识、宣传画册的设计、特色旅游商品的包装等，通过独特的色彩、图案、造型等视觉元素，将地域文化以艺术化的方式呈现出来，形成鲜明的文化符号，深深烙印在游客的心中。

以云南丽江为例，其旅游品牌建设充分借鉴了纳西族独特的文化元素。“东巴文化”作为纳西族的重要象征，被广泛运用于丽江古城的建筑装饰、旅游纪念品设计等方面。游客在游览古城的过程中，随处可见东巴文化元素的身影，如古朴典雅的东巴文字、色彩斑斓的东巴画卷、神秘诡谲的东巴祭祀面具等，这些视觉符号将纳西族源远流长的文化历史娓娓道来，让游客仿佛穿越时空，感受到浓郁的民族文化氛围。与此同时，以东巴文化为灵感设计的旅游商品，如东巴文字T恤、东巴画卷明信片等，将丽江独特的文化意蕴融入游客的日常生活中，延续了旅游体验，提升了丽江旅游品牌的美誉度和影响力。

塑造地域文化视觉符号还要注重与现代审美相融合，在传承传统文化的同时，融入时尚元素，以创新的视觉呈现方式吸引新生代游客。例如，设计富有现代感的文创产品，将地域文化元素与潮流设计理念相结合；又如，开发沉浸式互动的数字文化体验项目，利用数字技术将地域文化故事以新颖的方式呈现，带给游客“身临其境”的观感体验。唯有不断与时俱进，以创新的视觉表现形式诠释地域文化内涵，才能持续提升文化符号的感染力，增强年青一代游客的文化认同感。

三、文化创新策略的制定与实施

（一）深入理解本土文化与旅游市场需求

深入理解本土文化与旅游市场需求是制定文化创新策略的前提和基础。旅游品牌建设的核心在于突出特色、彰显个性，而这种特色和个性往往源自对本土文化的挖掘和利用。换言之，只有立足本土，深入把握地域文化内涵，才能真正实现旅游品牌的差异化发展。这就要求在制定文化创新策略时，必须深入研究本土文化资源，全面了解其历史渊源、发展脉络和独特魅力。

具体而言，首先要对本土文化进行系统梳理和分类。一方面，要关注本土文化中独具特色、富有吸引力的核心元素，如非物质文化遗产、民俗风情、历史人文等；另一方面，也要注重挖掘本土文化中蕴含的精神内核和价值理念，如勤劳智慧、开放包容等。只有全面掌握本土文化的丰富内涵，才能为后续的文化创新提供充足养料。

在梳理本土文化的基础上，还应深入分析旅游市场需求。一个成功的旅游品牌必须契合目标市场的偏好和期待，方能引起共鸣、赢得青睐。因此，在制定文化创新策略时，要充分考虑不同细分市场的需求特点。例如，对于追求刺激与冒险的年轻人，可以重点挖掘本土文化中蕴藏的挑战元素；而对于崇尚休闲度假的中老年群体，则可以着力彰显本土文化的悠久厚重和山清水秀。唯有精准把握市场脉搏，才能使文化创新更具针对性和实效性。

本土文化与旅游市场需求的对接还需要创新思维和多元视角。传统的文化旅游产品往往局限于浅层次的模仿和复制，难以满足游客日益提升的文化体验需求。为了突破这一瓶颈，要积极拓展思路，以创新的方式呈现和诠释本土文化。比如，可以运用数字技术手段，将历史场景、民俗活动等融入沉浸式体验；又如，可以发挥文创产品的载体作用，用文化创意商品传播本土文化的独特魅力。唯有不断创新表达方式，才能为本土文化注入新的活力，提升其对游客的吸引力。

（二）制订具体的文化产品和服务创新计划

制订具体的文化产品和服务创新计划是将文化创新战略转化为实际行动的关键一步。在旅游品牌建设中，文化创新不仅需要从宏观层面进行战略规划，更需要在微观层面上制订切实可行的行动方案。这就要求旅游目的地管理者在深入分析本土文化资源和旅游市场需求的基础上，有针对性地设计文化产品和服务，满足游客日益多元化、个性化的体验需求。

具体而言，制订文化产品和服务创新计划需要遵循以下几个原则。

第一，以游客需求为导向。文化创新的根本目的是提升游客的旅游体验和满意度，因此游客需求应该成为文化产品和服务设计的出发点和落脚点。旅游目的地管理者需要通过市场调研、大数据分析等方式，深入了解不同细分市场游客的偏好特征，有针对性地开发满足其需求的文化产品和服务。

第二，突出地域文化特色。文化产品和服务创新应立足本土文化资源，彰显地域特色。通过对当地历史、民俗、艺术等文化元素的提炼和再创造，形成具有鲜明地域特征的文化产品和服务，不仅能够增强旅游目的地的文化吸引力，也有助于实现文化传承和保护。

第三，注重创意设计和品质提升。在文化产品和服务的设计过程中，需要充分发挥创意思维，跳出传统思路的局限，开发出新颖独特的文化体验形式。同时，还要重视文化产品和服务的品质提升，从细节入手，优化游客的参与体验，提高其感知价值。

第四，加强跨界融合和协同创新。文化创新需要打破部门和行业的壁垒，实现多方协同。旅游目的地管理者应积极推动文化、旅游、科技等领域的跨界融合，整合各方资源，探索文化＋旅游＋科技等创新模式。同时，还要重视与游客、社区居民、文化工作者等利益相关方的协同创新，共同参与文化产品和服务的设计开发。

在制订文化产品和服务创新计划的过程中，还需要注意几个关键环节：一是前期的可行性论证，全面评估创新项目的市场前景、资源条件、运营模式等，确保其可行性和可持续性；二是中期的测试与调整，通过小范围试点，收集游客反馈，动态优化产品和服务设计；三是后期的推广与营销，制定系统的营销传播策略，提高文化产品和服务的知名度和美誉度。

（三）实施监控和评价

实施监控和评价是确保文化创新战略有效实施的关键环节。文化创新战略的制定需要建立在深入理解本土文化和旅游市场需求的基础之上，但战略的成功落地还有赖于科学的监控和评价机制。只有通过动态监测文化创新策略的实施进展，及时发现和解决问题，才能确保战略目标的最终实现。

具体来说，监控和评价工作应围绕文化创新战略的核心要素展开。首先，要评估文化创新产品和服务的质量与市场反响。这需要收集游客的反馈意见，分析文化创意产品的销售数据，判断创新成果是否真正满足了游客的文化体验需求。其次，要考察文化创新策略对旅游品牌影响力的提升效果。可以通过问卷调查、深度访谈等方式，了解旅游目的地文化形象在游客心中的认知变化，评估品牌传播的针对性和有效性。最后，要衡量文化创新举措对地方经济社会发展的综合贡献。这既包括直接的经济效益，如文创产业的收入增长，也包括间接的社会效应，如就业机会的拓展、文化自信的提升等。

在实施监控和评价的过程中，量化指标的设计至关重要。一方面，要制定科学合理的关键绩效指标（KPI），将文化创新战略的目标细化、具体化。比如，可以设定游客满意度、文创产品销量、品牌认知度等量化指标，明确达成目标的标准和时限。另一方面，要建立常态化的数据搜集机制，利用大数据技术动态记录游客行为和市场反馈，为决策优化提供可靠依据。通过量化指标的应用，监控和评价工作能够“提炼亮点、精准定位”，及时发现创新实践中的突出成效和潜在风险，从而为策略调整提供科学参考。

监控和评价工作还应注重过程管理和多元参与。文化创新是一项系统工程，涉及规划、设计、营销、服务等诸多环节。因此，有必要对各环节工作进行全流程监控，关注创新要素在不同实施阶段的效果衔接，建立上下联动、部门协同的工作机制。同时，评价主体也应呈现多元化特征。除了主管部门和专业机构，还要广泛吸纳社会公众、文化工作者、旅游从业者等利益相关方参与到监督和反馈中来，提升决策的民主性和科学性。只有形成良性互动、凝聚社会共识，文化创新战略的实施才能获得持久动力。

四、文化创新在旅游品牌推广中的作用

（一）增强品牌传播效果

文化创新在旅游品牌传播中发挥着不容忽视的作用，它能够赋予品牌独特的个性和魅力，提升品牌认知度和美誉度。在当今信息爆炸、媒体多元化的时代，仅仅依靠传统的广告宣传已难以吸引消费者的注意力。而文化创新恰恰能够为品牌注入新的活力，创造出与众不同的品牌形象和价值主张。

从品牌故事的角度来看，文化创新可以帮助旅游品牌构建富有吸引力的叙事体系。品牌故事不仅能够满足消费者对于精神层面的需求，更能唤起其情感共鸣，建立起品牌与消费者之间的情感纽带。而文化创新正是打造生动、立体品牌故事的利器。通过挖掘地域文化内涵，融入创新元素，旅游品牌可以讲述独一无二的品牌故事，使消费者产生认同感和归属感。

以云南丽江为例，当地旅游品牌巧妙地将纳西族独特的东巴文化与现代元素相结合，塑造出“神秘、浪漫、自由”的品牌形象。通过举办东巴文化节、开发东巴文创产品等一系列文化创新活动，丽江旅游不仅让游客近距离感受纳西文化的魅力，也让“丽江”这一品牌名片家喻户晓。这充分证明，以文化创新为核心的品牌故事能够有效提升品牌传播效果。

从营销传播的角度来看，文化创新同样大有可为。在新媒体时代，单向度的品牌信息传递已然过时，互动性、参与性的营销方式成为主流趋势，而文化创新恰恰能够为旅游品牌提供更多创意营销的可能。通过与文化创意产业跨界合作，旅游品牌可以开发出独具特色的文创产品，利用文创产品的故事属性和情感属性触达消费者。同时，借助数字技术手段，将文化创意与线上线下营销相结合，能够实现品牌信息的精准传播。

（二）提高旅游产品市场竞争力

文化创新在提高旅游产品市场竞争力方面发挥着关键作用，它以独特的视角重新审视和诠释旅游资源，以创新的表现形式呈现旅游内容，为旅游产品注入新的生命力和吸引力。通过文化创新，旅游产品不再局限于简单的自然风光展示或传统文化符号堆砌，而是与当代审美趣味、价值观念实现了有机融合，更加贴近游客的精神需求和情感体验。

文化创新赋予了旅游产品鲜明的个性和差异化特征。在当前旅游市场日益同质化的背景下，文化创意元素的引入能够有效突破旅游产品的同质化困境，构建起独特的品牌形象和市场定位。例如，一些旅游目的地积极挖掘地域特色文化资源，以创新的文化产品和服务提升旅游吸引力。它们或是将非物质文化遗产与旅游活动巧妙结合，让游客在参与互动中感受文化魅力；或是开发具有鲜明地方特色的旅游商品，将文化符号融入产品设计之中；或是打造沉浸式的文化体验项目，营造身临其境的文化氛围。这些基于文化创新的旅游产品，都彰显了鲜活的个性魅力，在同质化的旅游市场中脱颖而出。

文化创新还能够引领旅游消费趋势，创造新的市场增长点。随着人们物质生活水平的提高和审美情趣的多元化，单纯的观光旅游已经难以满足游客日益增长的精神文化需求。他们渴望在旅游过程中获得更加丰富的人文体验和情感共鸣。基于文化资源的深度开发和创新表达，旅游产品不仅提供了观光游览的过程，更成为游客进行文化体验、价值观念交流、情感抒发的载体。例如，一些研学旅行项目将课堂学习与实地考察相结合，让学生在游览名胜古迹的同时感悟历史文化内涵；一些以“非遗”为主题的旅游线路设计体验式活动环节，让游客在互动参与中感知传统技艺的独特魅力。这些契合精神文化需求的创新型旅游产品，实现了旅游消费从“景点打卡”向“主题体验”的迭代升级，为旅游市场开拓了新的增长空间。

（三）增加目的地忠诚度

文化创新与消费者情感联结的建立是增加旅游目的地忠诚度的关键路径。在旅游体验中，文化创新元素能够唤起游客的情感共鸣，满足其精神文化需求，从而建立起游客与目的地之间的情感纽带。当游客在旅游过程中感受到目的地独特的文化魅力，体验到与自身价值观念、审美情趣相契合的文化内涵时，便会产生强烈的心理认同感和归属感，增强对目的地的情感依恋。

文化创新要以游客需求为导向，深入洞察游客的文化偏好和消费心理。旅游目的地应该根据自身文化资源禀赋，挖掘富有吸引力和感染力的文化内容，并以创新的方式呈现出来。比如，通过沉浸式的文化体验项目，让游客身临其境地感受地域文化的独特魅力；通过融合现代科技的文化创意产品，为游客提供兼具审美价值和实用性的文化纪念品；通过寓教于乐的文化主题活动，引导游客在轻松愉悦的氛围中接受文化熏陶。这些创新举措都能够拉近游客与目的地文化的心理距离，促进情感互动与交流。

在文化创新过程中，要注重挖掘能够引发游客情感共鸣的文化元素。那些与游客自身经历、情感体验相呼应，能够触动其内心柔软处的文化内容，往往更容易建立情感联结。比如，对于怀旧情结较强的中老年游客，可以开发融入传统文化记忆的旅游项目，勾起其美好的青春回忆；对于追求浪漫情怀的情侣游客，可以营造梦幻唯美的文化氛围，满足其对爱情的憧憬向往。这样精准匹配游客情感需求的文化创新，能够最大限度地激发游客的情感共鸣，增强其对目的地的情感认同。

参考文献

[1] 刘嘉毅. 区域文化旅游品牌建设研究：基于品牌生态学的视角 [M]. 北京：中国社会科学出版社，2019.

[2] 余可发. 乡村旅游目的地品牌建设研究：理论建构于案例分析 [M]. 北京：经济管理出版社，2020.

[3] 孙梦阳，葛磊，刘庆川. 黑龙江省旅游品牌体系建设研究报告 [M]. 北京：北京航空航天大学出版社，2021.

[4] 曲颖. 海南国际旅游岛建设品牌化模式研究 [M]. 合肥：中国科学技术大学出版社，2020.

[5] 梁晓宇. 广西村落旅游形象设计与推广 [M]. 长春：吉林人民出版社，2020.

[6] 韦家瑜. 民族文化旅游品牌建设研究 [M]. 广州：广东旅游出版社，2019.

[7] 王昕，张海龙. 旅游目的地管理 [M]. 北京：中国旅游出版社，2019.

[8] 石凤玲. 城市品牌塑造模型研究 [M]. 北京：旅游教育出版社，2022.

[9] 张庆珍. 安徽省武术特色小镇的建设与实践研究 [M]. 长春：吉林人民出版社，2019.

[10] 黎巎，张俊刚，张璐，等. 旅游大数据应用与实践 [M]. 北京：中国旅游出版社，2021.

[11] 韦家瑜. 民族文化旅游品牌建设研究 [M]. 广州：广东旅游出版社，2019.

[12] 杨芸. 旅游销售 [M]. 北京：旅游教育出版社，2020.

[13] 王鸣柳. 旅游景区综合发展研究 [M]. 广州：广东旅游出版社，2021.

[14] 田里，钟晖，张鹏杨. 大理州民族文化旅游村开发研究 [M]. 北京：中国旅游出版社，2020.

[15] 薄言. 产业观光旅游设计 [M]. 北京：中国商业出版社，2019.